まちごとチャイナ

Shandong 003 Qingdao City
青島市街
「ドイツ発」ビールと赤屋根と

Asia City Guide Production

【白地図】山東省と中国沿岸部

CHINA
山東省

【白地図】青島

CHINA
山東省

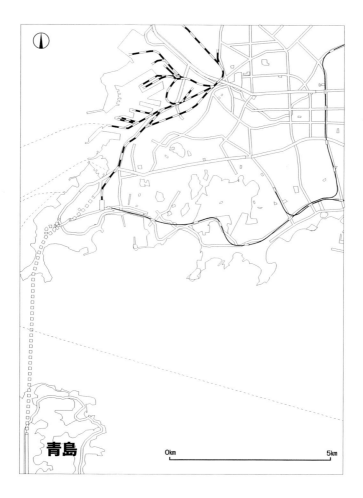

【白地図】青島市街

CHINA
山東省

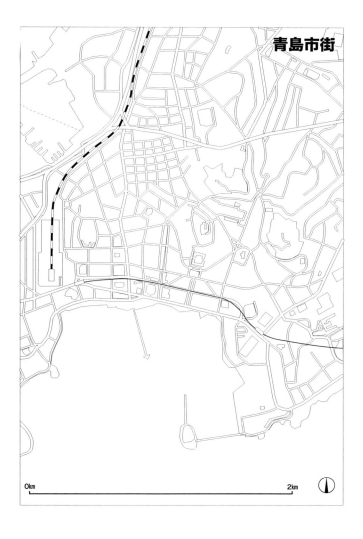

【白地図】桟橋

CHINA
山東省

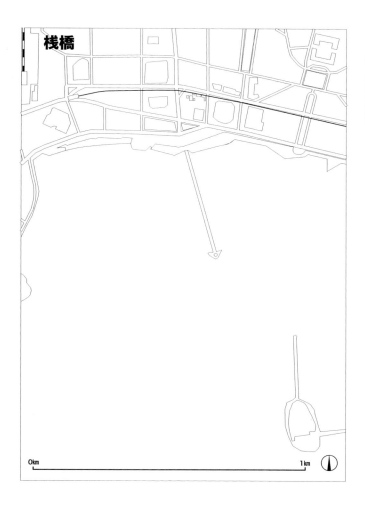

【白地図】青島市街中心部

CHINA
山東省

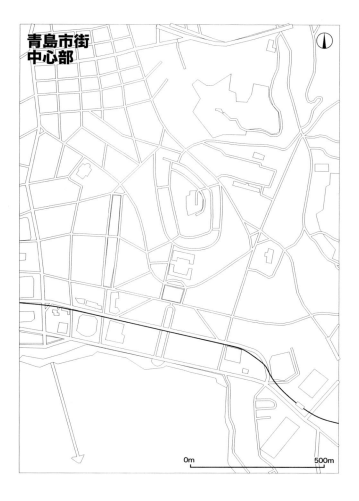

【白地図】広西路

CHINA
山東省

【白地図】中山路

CHINA
山東省

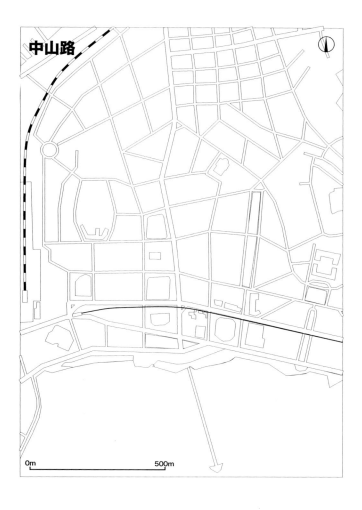

【白地図】浙江路天主堂

CHINA
山東省

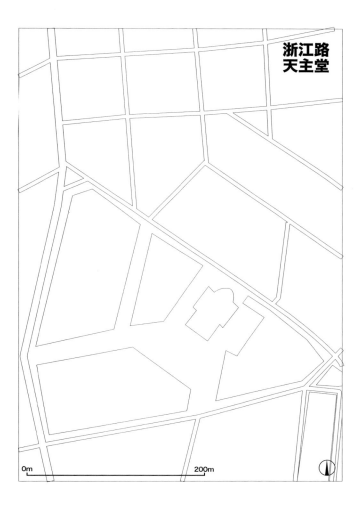

【白地図】大鮑島

CHINA
山東省

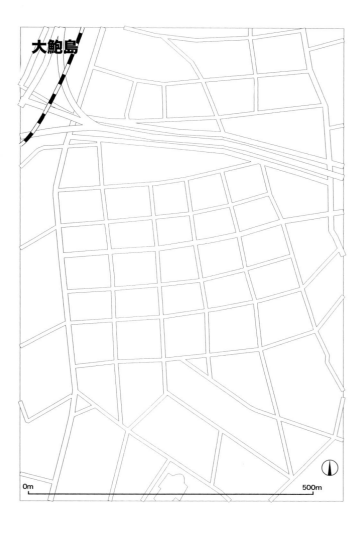

【白地図】劈柴院

CHINA
山東省

劈柴院

【白地図】市街北部

CHINA
山東省

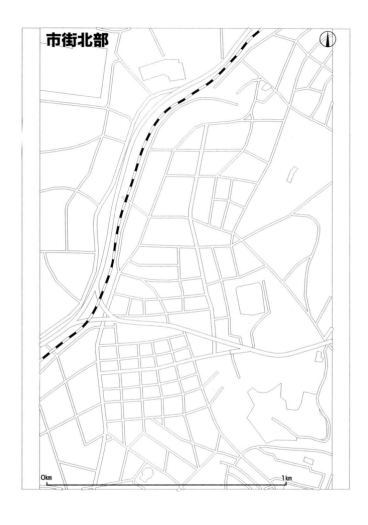

市街北部

Qingdao City 白地図

【白地図】館陶路

CHINA
山東省

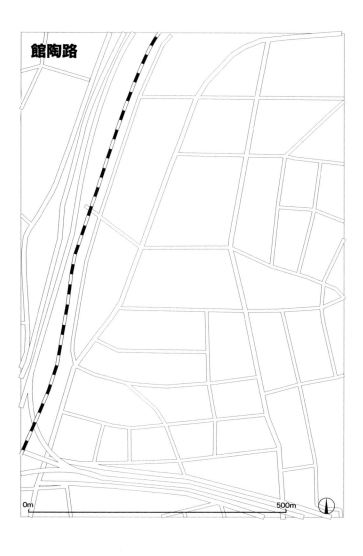

【白地図】市街東部

CHINA
山東省

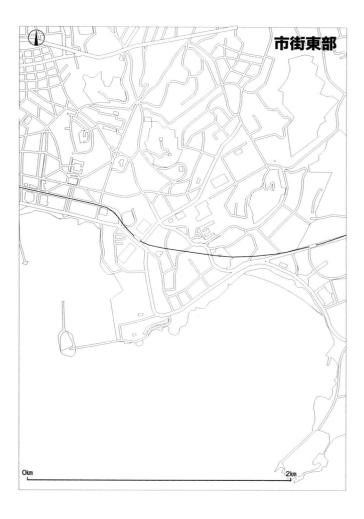

【白地図】信号山

CHINA
山東省

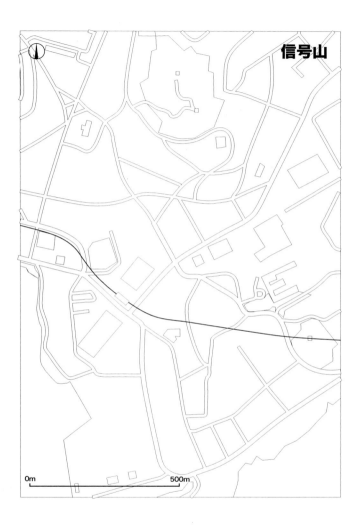

信号山

Qingdao City　白地図

【白地図】八大関

CHINA
山東省

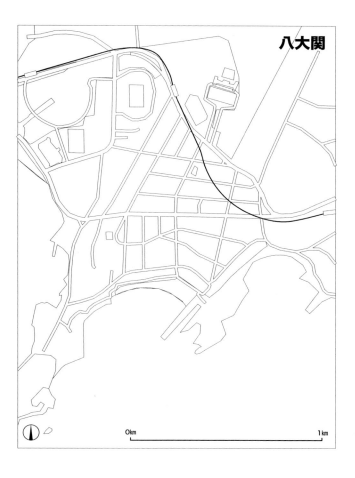

【白地図】八大関拡大

CHINA
山東省

【白地図】中山公園

CHINA
山東省

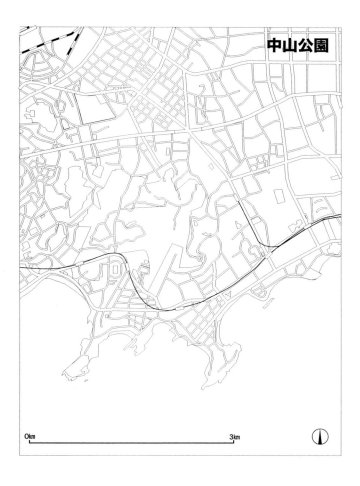

【白地図】青島市街～台東

CHINA
山東省

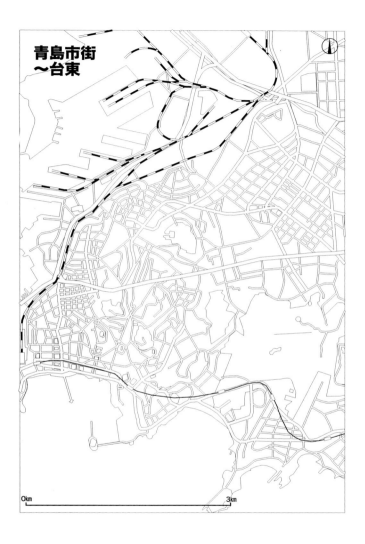

Qingdao City 白地図 — 青島市街〜台東

【白地図】青島ビール博物館

CHINA
山東省

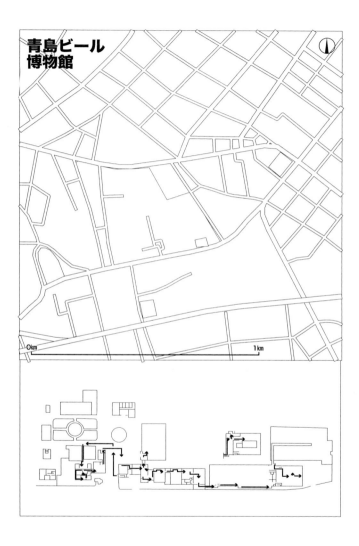

青島ビール博物館

Qingdao City 白地図

【白地図】台東

CHINA
山東省

【白地図】台西

CHINA
山東省

台西

Qingdao City 白地図

【まちごとチャイナ】
001 はじめての山東省
002 はじめての青島
003 青島市街
004 青島郊外と開発区
005 煙台
006 臨淄
007 済南
008 泰山
009 曲阜

CHINA
山東省

青島の地には、長いあいだ茅葺き家屋のならぶ小漁村が点在するに過ぎなかったが、19世紀に入ってからその経済、軍事上の地勢が注目されるようになった。1897年、ドイツは自国の宣教師殺害事件を口実に青島を占領し、翌1898年、膠州湾地域を租借して青島の街づくりをはじめた。

こうして起伏のある土地にドイツ風の赤屋根、石とレンガの建築がならぶ美しい景観ができあがり、青島は「東洋のベルリン」「小ベルリン」とたたえられた。また1914年の第一次大戦以降、ドイツの権益は日本に受け継がれ、戦前、多く

青岛城市 Qīng dǎo chéng shì
チィンダアオチャンシイ
Qing Dao City

の日系企業や日本人が青島に進出していたという経緯もある。

ドイツ統治時代、青島に暮らすドイツ人のために本場ドイツの製造技術をもちいてつくった青島ビールは、今では世界的に知られるブランドとなった。三方向を海に囲まれた半島状の街には、海からの心地よい風が吹き、青島は赤のとんがり屋根の続くメルヘンチックなたたずまいを見せている。

【まちごとチャイナ】

山東省 003 青島市街

目次

青島市街 ……………………………………………………… xliv

原色彩の美しい青島へ ………………………………………… l

桟橋城市案内 ………………………………………………… lxvii

広西路城市案内 ……………………………………………… lxxiii

ドイツ的都市景観の誕生 …………………………………… xcvi

中山路城市案内 ……………………………………………… cv

大鮑島城市案内 ……………………………………………… cxxi

館陶路城市案内 ……………………………………………… cxxxiii

信号山城市案内 ……………………………………………… cl

八大関城市案内 ……………………………………………… clxxxi

中山公園城市案内 …………………………………………… cxcvii

青島ビール博物館観賞案内 ………………………………… ccvi

台東城市案内 ………………………………………………… ccxxi

台西城市案内 ………………………………………………… ccxxv

交錯するドイツ日本青島 …………………………………… ccxxx

【MEMO】

【地図】山東省と中国沿岸部

CHINA
山東省

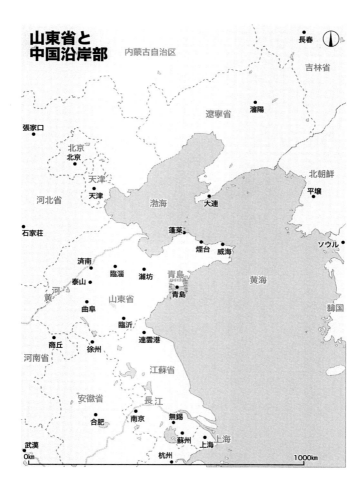

原色彩の美しい青島へ

CHINA
山東省

青島で晩年を過ごした康有為は
「青山緑樹、碧海藍天、中国第一」と言った
赤屋根、青い海、樹木の緑に彩られた街

青島のかんたんな歴史

紀元前3世紀、秦の始皇帝は青島南西60kmの琅琊台にいくどか訪れ、その命を受けた徐福はこの地から東方（日本）へ旅立ったという。以後、青島あたりの中心地は青島北40kmの即墨、北西35km膠州にあり、青島には長らく小さな漁村が点在するばかりだった。19世紀、西欧列強が中国に進出するなか、ドイツは膠州湾の優れた地勢に注目し、1897年、ドイツ人宣教師の殺害事件を口実に青島を占領した。翌1898年、膠州湾地域を租借したドイツは、青島を植民都市とし、ドイツ風の街づくりが進められた（1898〜1914年の

Qingdao City

原色彩の美しい青島へ

ドイツ統治時代)。1914〜18年の第一次大戦でドイツの権益は日本に受け継がれ、1914〜22年、日中戦争時の1938〜45年は日本が青島を統治した。小漁村に過ぎなかった青島は、1897年から1945年のわずか半世紀で、人口58万人を要する山東省屈指の近代工業都市へと変貌をとげた。1949年に中華人民共和国が成立すると、青島の過ごしやすい気候、美しい砂浜からリゾート地としても注目されるようになり、現在、ドイツ統治時代の旧市街から街は郊外へと発展を続けている。

CHINA
山東省

ドイツによる植民都市

青島ビールは、1898〜1914年のドイツ統治時代にビールの本場ドイツの技術者、材料、品質をもってつくられたことをはじまりとする（ドイツのハンブルクからアメリカ、青島を結ぶ航路があり、青島ではドイツによる造船所、鉄道会社、シーメンス電気工場、青島ビール会社などが設立された）。ドイツは青島の植民にあたって、青島山（ビスマルク山）、貯水山（旧モルトケ山）、太平山（旧イルチス山）といった起伏ある地形の南側の海岸沿いに、ドイツ人居住区を築いた。また植林を進めて、はげ山を緑（森）でおおい、ドイツ風の

▲左 赤のとんがり屋根は青島らしさの象徴。　▲右 ビールを入れたドラム缶があちこちにある

赤屋根、レンガと木造による住宅、ドイツ名の街路をもつ美しい街が現れた（綿密な都市計画をもとに、建ぺい率や都市景観が決められた）。港、鉄道、居住区、森を組みあわせたドイツによる青島の街づくりは、イギリスによる香港、上海、ロシアによる大連、共同租界のあった天津よりも優れていると言われる。

【MEMO】

CHINA
山東省

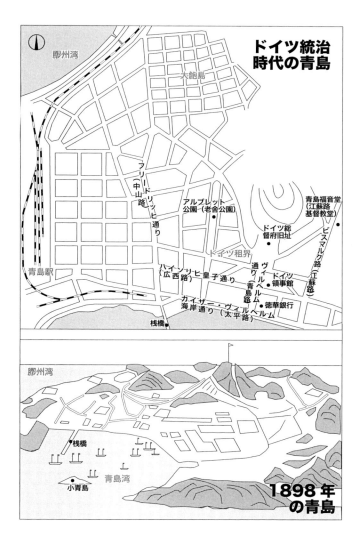

CHINA
山東省

青島料理と海鮮

青島港に陸揚げされる豊かな海産物を中心とする青島料理は、山東料理のなかでも膠東料理と呼ぶ。たい、さわら、ふか、さば、ぼら、あわび、えび、かに、なまこといった食材を、ねぎ、にんにく、生姜を使って調理する。魚料理では鯛を蒸した「清蒸加吉魚」、鮑の煮ものの「扒原殻鮑魚」、魚のから揚げ甘酢あんかけ「松鼠魚」などが知られ、冷菜から温かい料理へ、塩からい料理から甘い料理へと出されていく（街角では、イカ焼き、魚のすり身の串焼き、うにの殻を使った蒸しものなども見える）。また青島の食堂では、テーブルにお

Qingdao City　原色彩の美しい青島へ

▲左　青島の街角では陸揚げされたばかりの海鮮がずらり。　▲右　沖へと伸びていく桟橋、その先には回瀾閣が立つ

かれた生にんにくをかじりながら、青島ビールを飲んでいくという光景のほか、ビニール袋に生ビールを入れてもち帰る人も見られる。桃、ぶどう、さくらんぼなどのフルーツも有名。

CHINA
山東省

青島市街の構成

青島という名称は、沖合に浮かぶ小さな島（琴島 qín dǎo、現在の小青島）に由来し、海岸沿いにはこの島からとられた同名の青島村があった。1898年以降、青島湾をのぞむ海岸沿いに赤屋根のならぶドイツ人居住区が定められ、ここが「青島旧市街」となっている。当時、中国人のために大鮑島、台東、台西といった街がつくられたが、「大鮑島」には今でも里院と呼ばれる青島黎明期の建築が残り、「台東」は現在では青島有数の繁華街として知られる。また1914年以後の日本統治時代には、青島港（大港）に面した中山路北側の「館陶路」

Qingdao City — 原色彩の美しい青島へ

に銀行や商社の拠点が構えられ、青島市街は北側に拡大した。これらドイツ時代、日本時代の青島に対して、20世紀末になると、青島東郊外の「香港中路」に新市街が整備され、青島の新たな金融、文化の中心地となっている。青島は、東京（日本）とほとんど変わらない北緯36度4分の地にあり、周囲を海と山に囲まれた環境もあわせて、日本人にとって過ごしやすい街でもある。

【地図】青島

【地図】青島の [★★★]
- ☐ 桟橋 栈桥 チャァンチャオ
- ☐ 八大関景区 八大关景区 バアダアグゥアンジィンチュウ
- ☐ 青島ビール博物館 青岛啤酒博物馆 チィンダァオピイジィョオボオウウグゥアン

【地図】青島の [★★☆]
- ☐ 青島駅 青岛站 チィンダァオヂアン
- ☐ 台東歩行街 台东步行街 タァイドォンブウシィンジエ

【地図】青島の [★☆☆]
- ☐ 大港 大港 ダアグァン
- ☐ 中山公園 中山公园 チョンシャンゴォンユゥエン

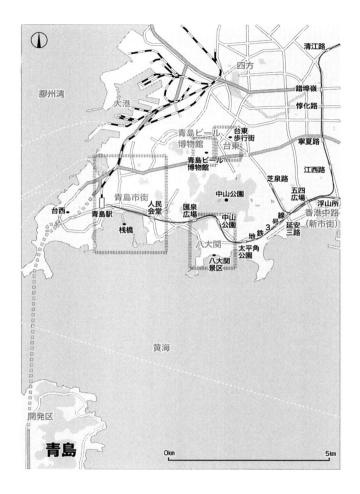

Qingdao City 原色彩の美しい青島へ

【地図】青島市街

【地図】青島市街の [★★★]

- [ ] 桟橋 桟桥 チァァンチャオ
- [ ] 江蘇路基督教堂 江苏路基督教堂 ジィアンスウルウジィドゥジィアオタァン
- [ ] 青島ドイツ総督楼旧址 青岛德国总督楼旧址 チィンダァオダアグゥオゾォンドゥロウジィウチイ

【地図】青島市街の [★★☆]

- [ ] 回瀾閣 回澜阁 フイラァンガア
- [ ] 青島駅 青岛站 チィンダァオヂアン
- [ ] 広西路 广西路 グゥアンシイルウ
- [ ] ドイツ総督府旧址 德国总督府旧址 ダアグゥオツォンドウフウジィウチイ
- [ ] 中山路 中山路 チョンシャンルウ
- [ ] 浙江路天主教堂 浙江路天主教堂 チャアジィアンルウティエンチュウジィアオタァン
- [ ] 劈柴院 劈柴院 ピイチャアイユゥエン
- [ ] 大鮑島 大鲍岛 ダアバァオダオ
- [ ] 館陶路（青島徳国風情街）馆陶路 グゥアンタァオルウ
- [ ] 天后宮 天后宫 tiān hòu gōng ティエンフゥオゴォン
- [ ] 小魚山公園 小鱼山公园 シィアオユウシャンゴォンユゥエン

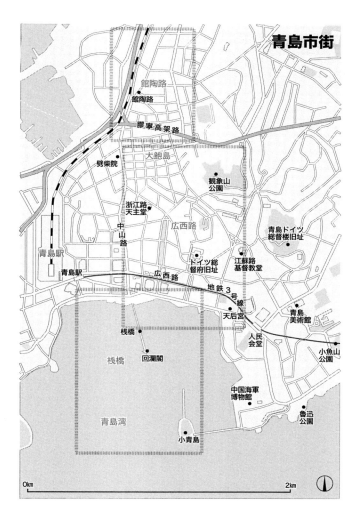

青島市街

Qingdao City

原色彩の美しい青島へ

【地図】青島市街

【地図】青島市街の ［★☆☆］

- ☐ 観象山公園 观象山公园
 グゥアンシィアンシャンゴォンユゥエン
- ☐ 小青島 小青岛 シィアオチィンダァオ
- ☐ 中国海軍博物館 中国海军博物馆
 チョングゥオハァイジュンボオウウグゥアン
- ☐ 魯迅公園 鲁迅公园 ルウシュンゴォンユゥエン
- ☐ 青島美術館 青岛美术馆
 チィンダァオメェイシュウグゥアン

【地図】青島市街

Qingdao City 原色彩の美しい青島へ

【MEMO】

CHINA
山東省

Guide, Zhan Qiao
桟橋
城市案内

青島湾に向かって伸びる桟橋
その先端部に立つ回瀾閣
青島を象徴する場として多くの人が訪れている

桟橋 栈桥 zhàn qiáo チャァンチャオ ［★★★］

青島の海岸部から沖合へ伸びる長さ440m、幅8mの桟橋は、清朝時代の1891年に軍需物資を荷揚げするためにつくられた。1898年のドイツによる青島造営がはじまる以前からの建造物で、衙門橋（「ヤーメンブリッジ」）と呼ばれていた（清朝は海防のため、青島村近くに衙門、兵営、砲台を建設し、桟橋は港の役割を果たしていた）。当初、長さ200m、木製だったが、ドイツによる延長工事が行なわれ、現在の姿となった。青島市街の大港が完成するまで荷降ろしに使用され、外国艦船がこの桟橋沖に碇泊することもあった。桟橋の先端には回

【地図】桟橋

【地図】桟橋の [★★★]
- [ ] 桟橋 栈桥 チャァンチャオ

【地図】桟橋の [★★☆]
- [ ] 回瀾閣 回澜阁 フイラァンガア
- [ ] 青島駅 青岛站 チィンダァオヂアン
- [ ] 広西路 广西路 グゥアンシイルウ
- [ ] ドイツ総督府旧址 德国总督府旧址 ダアグゥオツォンドウフウジィウチイ
- [ ] 中山路 中山路 チョンシャンルウ

【地図】桟橋の [★☆☆]
- [ ] 侯爵飯店旧址 侯爵庭院饭店旧址 ホウジュゥエティンユゥエンファンディエンジィウチイ
- [ ] 医薬商店旧址 医药商店旧址 イイヤァオシャンディエンジィウチイ
- [ ] 青島路 青岛路 チィンダァオルウ
- [ ] 徳華銀行旧址 德华银行旧址 ダアハアイィンハァンジィウチイ
- [ ] ドイツ領事館旧址 德国领事馆旧址 ダアグゥオリィンシイグゥアンジィウチイ
- [ ] 小青島 小青岛 シィアオチィンダァオ

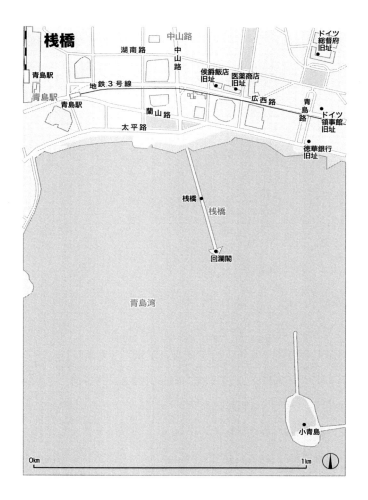

Qingdao City　桟橋城市案内

CHINA
山東省

瀾閣が立つ。

回瀾閣 回澜阁 huí lán gé フイラァンガア ［★★☆］
青島湾に突き出した桟橋の先端部、洋上に浮かぶように立つ回瀾閣。黄色の瑠璃瓦を載せる八角二層のたたずまいで、1階の外回廊には屋根を支える24本の紅の柱がめぐらされている。内部には螺旋状階段が備えられ、上部から青島市街や青島湾をのぞむことができる。青い海に、回瀾閣の黄瑠璃瓦の映える様子は、青島を代表する光景のひとつで、青島ビールのラベルにはこの回瀾閣の絵が描かれている。

▲左　青島ビールのラベルにも描かれた回瀾閣。　▲右　済南とのあいだを往来する膠済鉄道が走った青島駅

青島駅 青岛站 qīng dǎo zhàn チィンダァオヂアン [★★☆]

1898年に青島を半植民地としたドイツは、青島と済南を結ぶ膠済鉄道（山東鉄道）の敷設を同年に開始し、青島駅は膠済鉄道と青島港を結びつける機能を果たした（膨大な埋蔵量をほこった淄川鉱区の石炭を運び出すことが青島を植民地化したドイツ最大のねらいだった）。1899年の膠済鉄道の起工式にはドイツからハインリヒ皇太子が来訪し、皇太子によるくわ入れが行なわれた。セメントやレールなどの鋼材、鉄道資材はドイツ企業に発注され、青島駅の開業工事も進んだ。青島駅は1901年に完成し、時計塔と赤屋根瓦をもつネオ・

CHINA
山東省

ルネッサンス様式の建築は、青島のシンボルのひとつとなった。続いて1904年に膠済鉄道、1906年に青島港（大港）が完成し、山東省内陸部から青島、そして海路を通じてドイツまでがつながった（済南から青島まで12時間あまりで結んだという）。この青島駅は1991年に解体され、1993年に再建されたのち、2008年に増改築されて現在にいたる。

Guide, Guang Xi Lu
広西路城市案内

ドイツの街づくりは観象山、信号山といった丘陵から
青島湾に伸びるなだらかな傾斜地
桟橋近くの旧青島村(広西路)あたりからはじまった

青島の旧ドイツ租界

旧ドイツ租界は、かつての青島村のあった太平路、広西路、湖南路、沂水路、江蘇路一帯を領域とした。その中心が「ドイツ総督府旧址」で、そこから青島路が海岸に向かって伸び、東西対称の街区がつくられた(中央に官庁街、西側に商業居住区、東側に別荘、兵営区があった)。街路はヴィルヘルム通り、ベルリン通り、ハインリヒ皇子通りというように、ドイツの街や青島建設に功績のあった王侯、貴族、将軍、学者の名前がつけられた。領事館、銀行、商社、ホテルなどがずらりとならび、ドイツ租界の東側にプロテスタントの「江蘇

【地図】青島市街中心部

【地図】青島市街中心部の [★★★]
- [ ] 桟橋 栈桥チャァンチャオ
- [ ] 江蘇路基督教堂 江苏路基督教堂 ジィアンスウルウジィドゥジィアオタァン

【地図】青島市街中心部の [★★☆]
- [ ] 回瀾閣 回澜阁フイラァンガア
- [ ] 広西路 广西路グゥアンシイルウ
- [ ] ドイツ総督府旧址 德国总督府旧址 ダアグゥオツォンドウフウジィウチイ
- [ ] 中山路 中山路チョンシャンルウ
- [ ] 浙江路天主教堂 浙江路天主教堂 チャアジィアンルウティエンチュウジィアオタァン
- [ ] 劈柴院 劈柴院ピイチャアイユゥエン
- [ ] 大鮑島 大鲍岛ダアバァオダオ
- [ ] 天后宮 天后宫ティエンフゥオゴォン

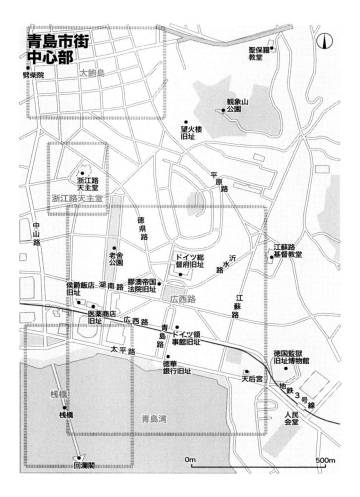

【地図】青島市街中心部

【地図】青島市街中心部の ［★☆☆］

- [ ] 侯爵飯店旧址 侯爵庭院饭店旧址
   ホウジュゥエティンユゥエンファンディエンジィウチイ
- [ ] 医薬商店旧址 医药商店旧址
   イィヤァオシャンディエンジィウチイ
- [ ] 青島路 青岛路チィンダァオルウ
- [ ] 徳華銀行旧址 德华银行旧址
   ダァハアイィンハァンジィウチイ
- [ ] ドイツ領事館旧址 德国领事馆旧址
   ダァグゥオリィンシイグゥアンジィウチイ
- [ ] 膠澳帝国法院旧址 胶澳帝国法院旧址
   ジャアオアオディグゥオファアユゥエンジウチイ
- [ ] 沂水路 沂水路イィシュイルウ
- [ ] 老舎公園 老舍公园ラオシェゴォンユゥエン
- [ ] 観象山公園 观象山公园
   グゥアンシィアンシャンゴォンユゥエン
- [ ] 聖保羅教堂 圣保罗教堂
   シェンバァオルゥオジィアオタァン
- [ ] 青島徳国監獄旧址博物館 青岛德国监狱旧址博物馆
   チィンダァオダアグゥオジィアンユウジィウチイボオ
ウウグゥアン

【地図】青島市街中心部

【地図】広西路

【地図】広西路の [★★★]
- 江蘇路基督教堂 江苏路基督教堂 ジィアンスウルウジィドゥジィアオタァン
- 桟橋 栈桥 チャァンチャオ

【地図】広西路の [★★☆]
- 広西路 广西路 グゥアンシイルウ
- ドイツ総督府旧址 德国总督府旧址 ダアグゥオツォンドゥフウジィウチイ
- 浙江路天主教堂 浙江路天主教堂 チャアジィアンルウティエンチュウジィアオタァン
- 天后宮 天后宫 ティエンフウオゴォン
- 回瀾閣 回澜阁 フイラァンガア

【地図】広西路の [★☆☆]
- 侯爵飯店旧址 侯爵庭院饭店旧址 ホウジュゥエティンユュエンファンディエンジィウチイ
- 医薬商店旧址 医药商店旧址 イイヤァオシャンディエンジィウチイ
- 青島路 青岛路 チィンダァオルウ
- 徳華銀行旧址 德华银行旧址 ダアハアイィンハァンジィウチイ
- ドイツ領事館旧址 德国领事馆旧址 ダアグゥオリィンシイグゥアンジィウチイ
- 膠澳帝国法院旧址 胶澳帝国法院旧址 ジャアオアオディグゥオファアユュエンジウチイ
- 沂水路 沂水路 イイシュイルウ
- 老舎公園 老舎公园 ラオシェゴォンユゥエン

CHINA
山東省

路基督教堂」、西側にカトリックの「浙江路天主堂」が残る。また当時のベルリンの市樹であったニセアカシア、ポプラ、日本松、桜などの街路樹が植えられ、緑地もしっかりと確保された。

広西路 广西路 guǎn xī lù グゥアンシイルウ ［★★☆］
青島湾から100mほど内陸側を、海岸線と並行して走る広西路。ドイツ統治時代の建築が豊富に残り、かつては「ハインリヒ皇子通り」と呼ばれてドイツ青島の中心であった。プリンス・ハインリヒ・ホテルとして知られた「侯爵飯店旧址(1910

Qingdao City 広西路城市案内

年竣工)」、レッドハウス・ホテルこと「医薬商店旧址（1905年竣工)」といった代表的建築はじめ、1898 〜 1914 年のドイツ時代の面影を色濃く残す。またこの広西路と1本北側の湖南路あたりは、ドイツ占領以前、胡氏の暮らす青島村があったところで、青島発祥の地とも考えられる。

侯爵飯店旧址 侯爵庭院饭店旧址
hóu jué tíng yuàn fàn diàn jiù zhǐ
ホウジュゥエティンユュエンファンディエンジィウチイ [★☆☆]

プリンス・ハインリヒ・ホテルの名前で知られた「侯爵飯店

CHINA
山東省

旧址」。1910年の竣工で、青島随一の豪華なホテルだった。ハインリヒ皇子は、1899年の膠済鉄道の起工式にも訪れたドイツ皇帝の弟で、青島ゆかりの人物となっている。

医薬商店旧址 医药商店旧址 yī yào shāng diàn jiù zhǐ
イィヤァオシャンディエンジィウチイ [★☆☆]

青島を代表する近代建築のひとつで、レッドハウス・ホテルと呼ばれていた「医薬商店旧址（紅房子賓館）」。1905年に建てられ、赤レンガ、4階建ての外観は、白の装飾がリズムをつくっている。青島建設当時、西欧で流行していた建築様

▲左 レッドハウス・ホテルこと医薬商店旧址。 ▲右 隣接してプリンス・ハインリヒ・ホテルと呼ばれた侯爵飯店旧址が立つ

式アール・ヌーヴォーの代表作とされる。

青島路 青岛路 qīng dǎo lù チィンダァオルウ ［★☆☆］

ドイツ総督府旧址から、青島湾に向かって真っ直ぐ伸びる200mほどの青島路。ドイツ統治時代の青島の中心軸にあたり、かつてヴィルヘルム通りと呼ばれていた（青島湾に面したカイザー・ヴィルヘルム海岸通りとともに、ドイツ皇帝の名前がとられた）。通りには「旧ドイツ領事館」、ドイツ系銀行の「旧徳華銀行」が残る。

CHINA
山東省

徳華銀行旧址 德华银行旧址 dé huá yín háng jiù zhǐ
ダアハアイィンハァンジィウチイ ［★☆☆］

ドイツの中国進出を金融面で支えるために、1889年にドイツの銀行が集まって設立された徳華銀行。膠済鉄道や山東省の鉱山開発などに必要な資金を調達した。青島の「徳華銀行旧址」は青島路と太平路が交わる立地にあり、銀行のほか、海関なども位置した（上海の外灘にあたる埠頭だった）。徳華銀行は、1945年に中国銀行に接収された。

ドイツ領事館旧址 德国领事馆旧址
dé guó lǐng shì guǎn jiù zhǐ
ダアグゥオリィンシイグゥアンジィウチイ [★☆☆]

中国や日本との折衝や、ドイツ人居留民のための事務を行なったドイツ領事館。ドイツ領事館旧址は1899〜1912年に建てられ、八角形の尖塔楼が見える。1945年のドイツ降伏（終戦）とともにこの領事館は閉鎖され、1947年、孔子の子孫である孔祥勉が建物を購入し、「南園」となづけたことから、南園孔子紀念館となっている。

CHINA
山東省

ドイツ総督府旧址（膠澳総督府旧址）德国总督府旧址
dé guó zǒng dū fǔ jiù zhǐ
ダアグゥオツォンドウフウジィウチイ ［★★☆］

観象山、信号山を背後にひかえる地に、ドイツが85万マルクという建設費をつぎ込んで1906年に完成させたドイツ総督府旧址（正式名称を膠澳総督府旧址という）。ドイツが青島に建てた最大の建築で、総督の執務室、青島の行政をになう官僚機構がここにあった。中央から両翼に広がる左右対称のファザードをもち、その幅は82.3m、上部から見れば「凹」字型の建物となっている。高さは30mで、地下から3階ま

▲左　ドイツ租界の中心にあたったドイツ総督府旧址。　▲右　こちらも赤屋根の膠澳帝国法院旧址

でに 150 あまりの部屋が備えられている。ドイツ統治時代は、総督府前の総督府広場（広場公園）から、青島路が青島湾に向かって走り、ここを中心に左右対称の街区が広がっていた。1914 年以降の日本統治時代、日本の軍司令部がここにおかれたという経緯もあり、現在は青島市人民政府として使用されている。

CHINA
山東省

膠澳帝国法院旧址 胶澳帝国法院旧址
jiāo ào dì guó fǎ yuàn jiù zhǐ
ジャアオアオディグゥオファアユゥエンジィウチイ [★☆☆]

ドイツ総督府の目の前に立つ膠澳帝国法院旧址。ドイツ統治下の青島にあって、民事や軍事の裁判がここで開かれた。1914年に建てられ、黄色の壁面と赤屋根、荒々しい足元の花崗岩が印象的な建物となっている。

沂水路 沂水路 **yí shuǐ lù イイシュイルウ** [★☆☆]

ドイツ総督府旧址の表玄関から、北東に向かって走る沂水路。

【MEMO】

CHINA
山東省

西側の徳県路とともに左右対称をなし、こちらの沂水路には「君王別墅（1901年）」、「大隊官舎（1899年）」などの植民地建築がいくつか残っている。かつて「ディーデリヒ通り」と呼ばれていた。

江蘇路基督教堂 江苏路基督教堂 jiāng sū lù jī dū jiào táng
ジィアンスウルウジィドゥジィアオタァン ［★★★］

ドイツ総督府旧址北東側の小さな丘に立ち、青島を代表する建築にあげられる江蘇路基督教堂。このキリスト教会は多くのドイツ人が信仰するプロテスタントのものとして、1910

▲左　丸みを帯びた傑作建築の江蘇路基督教堂。　▲右　プロテスタントの教会、江蘇路基督教堂内部

年、ベルリン教会によって建てられ、1918年からは国際礼拝堂となった(ドイツが青島を占領してまず必要としたのは、教会、学校、競馬場であった。ルターの宗教改革の中心地であったドイツでは、プロテスタント信者が多かった)。時計をつけた高さ36mの「鐘楼」と「礼拝堂」が非対称にならび、礼拝堂上部の円形窓、黄色の壁面、生命力ある石張りなど、メルヘンチックなたたずまいをしている。1949年の中華人民共和国建国当初からしばらく閉鎖されていて、1980年、江蘇路基督教堂として再び、開堂した。

CHINA
山東省

老舎公園 老舍公园 lǎo shě gōng yuán
ラオシェゴォンユゥエン ［★☆☆］

ドイツ総督府旧址の西側に位置する、東西45m、南北300mほどの老舎公園。ドイツは青島の街づくりにあたって、日本などから多くの樹木をとり寄せ、植林を進めた。老舎公園は当時、アルブレット公園と呼ばれ、都市のなかの緑地帯となっていた。老舎公園という名前は、青島に暮らした近代中国を代表する小説家の老舎からとられたもので、老舎の像が立つ。老舎は青島で『駱駝祥子（らくだのシアンツ）』や『五月的青島』を執筆したほか、青島の広場で、拳術、棒術、剣術の

練習をしたという（老舎はアカシアやベゴニア、ライラック、桃、梨、りんご、ぶどう、つつじなどが香る 5 月の青島を愛した）。

観象山公園 观象山公园 guān xiàng shān gōng yuán
グゥアンシィアンシャンゴォンユゥエン [★☆☆]

青島旧市街の北側に位置し、市内を一望できる高さ 77m の観象山公園。1912 年、ドイツはここに天候や気候を観測する観象台を建て、円形のドーム、西欧の城郭風の観象台が残る。また観象山の西麓には、八角、高さ 16m の望火楼が建

てられ、ドイツ人消防士が駐在していた（鐘の回数で、出火の街区まで知らせたという）。こちらの望火楼は2009年に解体されたあと、再建された。

聖保羅教堂 圣保罗教堂 shèng bǎo luó jiào táng
シェンバァオルゥオジィアオタァン [★☆☆]

観象山の北麓に位置することから、観象二路教堂の名でも知られる聖保羅教堂（聖パウロ教会）。ロシア人の設計で1939年に建てられ、ローマ建築を思わせるたたずまいを見せる。外壁は赤くぬりあげられている。

ドイツ的
都市景観
の誕生

CHINA
山東省

イギリスやフランスにくらべて中国進出で
遅れをとっていたドイツは膠州湾にねらいを定め
ここに本国ドイツを思わせる街づくりをはじめた

19世紀のドイツ

19世紀はじめまで、ドイツでは王侯や貴族、聖職者の統治する何百という侯国がならび、ひとまとまりにならず、イギリスやフランスにくらべて近代化は遅れていた。1871年、ドイツの諸侯国のなかで有力であったプロイセンは、宰相ビスマルクの力もあって、ドイツを統一し、ドイツ帝国が樹立された。1888年、ヴィルヘルム2世が皇帝（カイザー）に即位すると、ビスマルクの外交方針から転換し、積極的な海外進出政策へかじを切った。イギリスが上海（華中）、フランスが広州（華南）、ロシアがハルビン（東北）に進出する

Qingdao City　ドイツ的都市景観の誕生

なか、1897年、ドイツは膠州湾（青島）にねらいをさだめ、他の西欧列強とともに中国進出を加速していった。ヨーロッパのなかでは遅れて近代化し、急速に国家を形成させたこのドイツ（プロイセン）の制度を参考に、日本は1867年以降の明治維新を進めた。やがて1914年の第一次世界大戦で青島の権益はドイツから日本へ遷った。

CHINA
山東省

膠州湾の重要性

「湾口は 2 km に満たないが、湾内は広く、軍艦も碇泊できる」。ドイツの地理学者リヒトホーフェンは、1862〜72 年に中国を調査し、膠州湾の優れた立地、地勢を指摘した。この調査を受けて、清朝の李鴻章もまた膠州湾を視察し、1891 年、青島に鎮守府衙門、兵営を整備し、煙台から遷った 1500 人ほどの兵士が駐屯するようになった（桟橋はこのときにつくられた）。中国における足がかりを模索していたドイツは、1897 年、ドイツ人宣教師の殺害を口実に青島を軍事行動を開始。このとき清朝側は、ドイツの上陸を軍事演習と勘違い

▲左　青島ビール工場で使われていた器具。　▲右　黄海からの風が吹く魯迅公園の様子

Qingdao City　ドイツ的都市景観の誕生

したほどで、青島の要衝を占領したドイツは、中国側に退去を命じ、1500人の守備兵は青島郊外の滄口にひきあげた。翌1898年、ドイツと清朝のあいだで青島を99年間租借する膠州湾租借条約が結ばれたが、「99（Jiǔ jiǔ）」は「久久（Jiǔ jiǔ）」と同音であることから、なかばドイツの植民地という性格をもった。南京条約による香港島の割譲、上海や寧波などの開港が1842年、ロシアのウラジオストク建設が1860年、天津条約による煙台の開港が1862年、イギリスの威海衛租借が1898年と、西欧列強が次々と中国を半植民地化していく時代であった。

CHINA
山東省

ドイツの都市計画

中世以来、諸侯や僧侶などを中心とする諸国家(都市)の連合体であったドイツでは、各都市それぞれが強い意図や計画をもとにそれぞれの都市を形成していった。青島の都市計画では、天后宮や衙門を残してすべて焼き払い、更地にしてから公園や緑地(パブリックエリア)、居住区といった街の区画を決め、道路の幅、そこに植える樹木、建物の高さや建ぺい率などが細かく定められた。青島湾にのぞむなだらかな地形の沿岸一帯をヨーロッパ人の居住区とし、そこから離れた周縁部(大鮑島、台東鎮、台西鎮)を中国人居住区にして、

Qingdao City｜ドイツ的都市景観の誕生

当初、青島湾沿岸部に暮らしていた中国人はこちらに遷された。「森の国」ドイツと言われるように、はげ山であった青島の山の植樹も進められ、森におおわれた美しい景観ができあがった（森に、砲台などの軍事施設を隠したという）。ドイツが街づくりをはじめてから、日本に明け渡す 1914 年までに、青島は人口 20 万人の近代都市へと成長した。

CHINA
山東省

赤屋根のとんがり建築

青島で見られる赤のとんがり屋根が続く風景は、中世以来のドイツで見られる景色と同じくする。ギリシャやイタリアなどの南ヨーロッパでは、建築に石が使われるが、ドイツなどの中央ヨーロッパでは石材の不足から土によるレンガで家屋を建てるのが一般的だった。そのため、ドイツの家屋では、商店街、民家なども、大地の色（赤茶レンガ色）で屋根を統一し、くわえて乾燥した南ヨーロッパと違い、雨を落とす勾配のある切妻屋根（とんがり屋根）をもつ（現代のイギリスやアメリカの建築では傾斜屋根がとられ、上海や天津ではと

Qingdao City　ドイツ的都市景観の誕生

▲左　街はドイツ風の赤屋根でおおわれている、青島駅にて。　▲右　別荘地の八大関を観光する人たち

んがり屋根がない建築も多い)。ドイツの街同様、青島では、家屋の色彩と勾配屋根が連続することでリズムが生まれ、生命力ある都市のたたずまいを見せる。また他の植民地と違って、長い建築の伝統のある中国では、ドイツ人設計士の求めに応える技術をもった中国人職人がおり、内装の仕上げでドイツ人設計士を満足させたともいう。

Guide, Zhong Shan lu
中山路城市案内

桟橋から北へ伸びていく中山路
青島旧市街の大動脈で
南の旧ドイツ人街と北の旧中国人街を結んだ

中山路 中山路 zhōng shān lù チョンシャンルウ ［★★☆］

中山路は青島旧市街でもっともにぎわう通りで、南北 1500m に渡って続く。ドイツ時代はフリードリッヒ通りと呼ばれていたが、現在は「中国革命の父」孫文（孫中山）から名前がとられている。南端の桟橋界隈から、道路両脇に 1 階に商店、2 階に住居をもつ建築がならび、南のドイツ風の街区にくらべて、北に行けば行くほど道はせまくなり、中国人街へといたる。帽子店「盛錫福」、靴店「新盛泰」、衣服店「謙祥益」、時計店「亨得利」など、青島を代表する老舗がここ中山路に店を構えていた。この中山路には歴史的建造物も多く

【地図】中山路

【地図】中山路の [★★★]
- [ ] 桟橋 栈桥チャアンチャオ

【地図】中山路の [★★☆]
- [ ] 中山路 中山路チョンシャンルウ
- [ ] 浙江路天主教堂 浙江路天主教堂 チャアジィアンルウティエンチュウジィアオタァン
- [ ] 劈柴院 劈柴院ピイチャアイユゥエン
- [ ] 大鮑島 大鲍岛ダアバァオダオ
- [ ] 回瀾閣 回澜阁フイラァンガア
- [ ] 青島駅 青岛站チィンダァオヂアン
- [ ] 広西路 广西路グゥアンシイルウ
- [ ] ドイツ総督府旧址 德国总督府旧址 ダアグゥオツォンドウフウジィウチイ

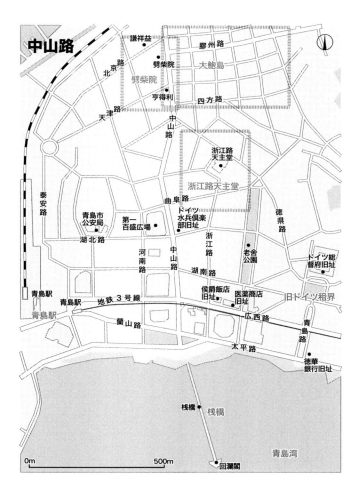

【地図】中山路の［★☆☆］

- [ ] 第一百盛広場 第一百盛广场
  ディイイバァイシェングゥアンチァアン
- [ ] ドイツ水兵倶楽部旧址 德国海军俱乐部旧址
  ダアグゥオハァイジュンジュウラアブウジィウチイ
- [ ] 青島市公安局 青岛市公安局
  チィンダァオシイゴォンアンジュウ
- [ ] 四方路 四方路スウファンルウ
- [ ] 侯爵飯店旧址 侯爵庭院饭店旧址
  ホウジュゥエティンユゥエンファンディエンジィウチイ
- [ ] 医薬商店旧址 医药商店旧址
  イイヤァオシャンディエンジィウチイ
- [ ] 青島路 青岛路チィンダァオルウ
- [ ] 徳華銀行旧址 德华银行旧址
  ダアハアイィンハァンジィウチイ
- [ ] 老舎公園 老舍公园ラオシェゴォンユゥエン

【地図】中山路

CHINA
山東省

残り、青島黎明期から中国人が暮らした集合住宅の里院も見られる。

第一百盛広場 第一百盛广场 dì yī bǎi shèng guǎng chǎng ディイイバァイシェングゥアンチャアン ［★☆☆］

中山路と湖北路が交わる地点に立つマレーシア系の第一百盛広場（パークソン）。中山路でも一際高い姿を見せ、上部が尖塔状になったその姿は遠くからも視界に入る。地上1階から8階までがショッピングモールとなっている。

▲左　青島市街の南北を中山路が結んでいる。　▲右　通りの両脇にはずらりと店舗がならぶ

ドイツ水兵倶楽部旧址 德国海军俱乐部旧址
dé guó hǎi jūn jù lè bù jiù zhǐ
ダアグゥオハァイジュンジュウラアブウジィウチイ [★☆☆]

青島に赴任したドイツ海軍の軍人や、水夫のための保養施設として建てられたドイツ水兵倶楽部旧址（湖北路172号）。1902年の竣工で、ドイツ風の切妻屋根、2階のヴェランダが特徴的な建築となっている。

CHINA
山東省

青島市公安局 青岛市公安局 qīng dǎo shì gōng ān jú
チィンダァオシイゴォンアンジュウ ［★☆☆］

中山路と青島駅のあいだに立ち、青島を代表する植民地建築のひとつと知られる青島市公安局。勾配のある切妻屋根と高さ30mの時計塔からなる建物で、1905年に建てられた。中世イタリアを思わせる建築様式は、19世紀末のドイツで、しばしば見られた様式だという。当時は、膠澳商埠警察署がここにおかれ、青島の治安維持にあたった。

中山路城市案内 | Qingdao City

浙江路天主教堂 浙江路天主教堂
zhè jiāng lù tiān zhǔ jiào táng
チャアジィアンルウティエンチュウジィアオタァン［★★☆］

ドイツ総督府旧址の西側の小さな丘に立つ、ローマ・カトリック教会の浙江路天主教堂(聖ミカエル大教堂)。その堂々としたたたずまいから青島のランドマークのひとつとなっていて、高さ56mの双塔上部には長さ4.5mの巨大な十字架が載る。当初はすぐそばの曲阜路にカトリック教会があったがキリスト教徒の増加にあわせて、1934年、この巨大な教会が完成した(ドイツ統治時代の終わった1934年に建てら

【地図】浙江路天主堂

【地図】浙江路天主堂の [★★☆]
- [ ] 浙江路天主教堂 浙江路天主教堂 チャアジィアンルウティエンチュウジィアオタァン
- [ ] 中山路 中山路チョンシャンルウ
- [ ] 劈柴院 劈柴院ピイチャアイユゥエン
- [ ] 大鮑島 大鲍岛ダアバァオダオ

【地図】浙江路天主堂の [★☆☆]
- [ ] 老舎公園 老舍公园ラオシェゴォンユゥエン
- [ ] 旧シュタイラー伝道教会 圣言会会馆旧址 シェンイェンフイフイグゥアンジィウチイ
- [ ] 旧永安大戯院 永安大戏院旧址 ヨォンアンダアシイユゥエンジィウチイ
- [ ] 四方路 四方路スウファンルウ

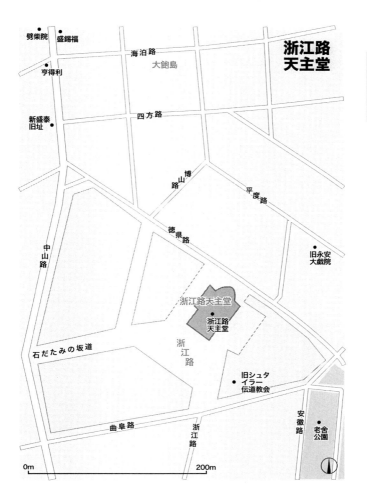

CHINA
山東省

れたことも注目される)。文革のときに破壊をこうむったが、1982年に新たに整備され、壁面のステンドグラス、高さへの志向をもつゴシック建築となっている。この浙江路天主堂前の広場には、露店や飲食店舗などが集まり、中山路と石だたみの坂道で結ばれている。

旧シュタイラー伝道教会 圣言会会馆旧址
shèng yán huì huì guǎn jiù zhǐ
シェンイェンフイフイグゥアンジィウチイ ［★☆☆］

浙江路天主教堂のそば、同じ広場に立つ旧シュタイラー伝道

▲左　小さな丘陵に立つ浙江路天主教堂。　▲右　こちらはより古い、旧シュタイラー伝道教会

教会。青島黎明期の1902年に建てられた礼拝堂で、渦巻き状の装飾、レンガによる外壁をもつ。こちらがもともとのローマ・カトリック教会の拠点で、浙江路天主教堂（聖ミカエル大教堂）はその近くに建てられた。

ドイツとキリスト教

中世以降、ドイツ各地の諸侯はその領地のキリスト教の最高指導者でもあり、16世紀のマルチン・ルターによる宗教改革が起こったことがドイツのキリスト教の特徴となっている。ドイツではほぼ2対1でプロテスタントの割合が高く、

CHINA
山東省

北部にはプロテスタントが多く暮らし、南部にカトリックが多く暮らす(青島では、ドイツ総督府東側にプロテスタントの江蘇路基督教堂が立ち、西側にカトリックの浙江路天主堂が立つ)。ドイツのカトリック教会は1880年に山東省での布教をはじめ、兗州に教会が建てられたが、地元の中国人に反発を受けた。1897年に殺害されたドイツ人宣教師はカトリック・スタイル派の伝道師であり、この事件がドイツの青島占領の契機となった。なお「扶清滅洋(清を助け、西洋を滅ぼす)」を掲げた1900年の義和団事件は、ドイツをはじめとする西欧列強の進出が強まるなかでの山東省で起こった。

旧永安大戯院 永安大戏院旧址 yǒng ān dà xì yuàn jiù zhǐ
ヨォンアンダアシイユゥエンジィウチイ [★☆☆]

旧永安大戯院は1924年の創建にさかのぼり、青島でもっとも有名な劇場と知られていた。青島では、1920年代から京劇や活劇がさかんに演じられるようになり、梅蘭芳（1894～1961年）なども、当時、大舞台と呼ばれた永安大戯院で演じている。旧永安大戯院は、現在、青島市文化館となり、山東地方の演劇である呂劇などの伝統劇、民間文学や伝統医薬などの民間芸術の伝承、保存拠点となっている。

Guide,
Da Bao Dao
大鮑島
城市案内

青島の伝統民居「里院」の多く残る大鮑島
ここはドイツによる統治がはじまったとき
中国人が集まった街で、当時の雰囲気が今も残る

劈柴院 劈柴院 pǐ chái yuàn ピイチャアイユゥエン [★★☆]
中山路、北京路、天津路、河北路に囲まれた江寧路界隈には10を超す里院が集まる。なかでも劈柴院は、青島黎明期の1902年からの伝統をもつ里院で、ドイツ占領以前から劈柴(薪)や竹竿などをあつかう劈柴市が定期的に立っていたことに由来する。1920年代、この劈柴市に各地を放浪する大道芸人が集まるようになり、1940年代には青島の中国人に親しまれる大衆劇場となっていた(特定の時期、場所で演じた江湖芸人たちの舞台だった)。現在の劈柴院は、2009年に再建されたもので、赤ちょうちんが連なり、商業施設、茶荘、

【地図】大鮑島

【地図】大鮑島の［★★☆］
- □ 劈柴院 劈柴院ピイチャアイユゥエン
- □ 大鮑島 大鮑島ダアバァオダオ
- □ 中山路 中山路チョンシャンルウ
- □ 浙江路天主教堂 浙江路天主教堂
  チャアジィアンルウティエンチュウジィアオタァン

【地図】大鮑島の［★☆☆］
- □ 四方路 四方路スウファンルウ
- □ 市場三路 市場三路シイチャアンサァンルウ
- □ 即墨路小商品市場 即墨路小商品市場
  ジイモオルウシャオシャァンピンシイチャン
- □ 旧永安大戯院 永安大戏院旧址
  ヨァンアンダアシイユゥエンジィウチイ

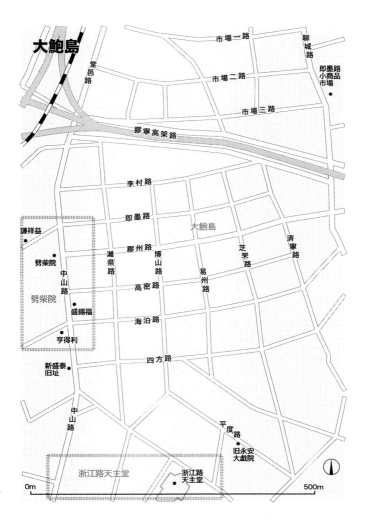

【地図】劈柴院

【地図】劈柴院の [★★☆]
- ☐ 劈柴院 劈柴院ピイチャアイユゥエン
- ☐ 大鮑島 大鮑島ダアバァオダオ
- ☐ 中山路 中山路チョンシャンルウ

劈柴院

CHINA
山東省

戯曲台、飯店、小吃店などが一堂に会してにぎわいを見せる。また周囲には、帽子店「盛錫福」、衣服店「謙祥益」、時計店「亨得利」など、青島を代表する老舗が店を構えている。

里院とは

青島旧市街を走る中山路の北側一帯は、青島黎明期から中国人たちが住んでいた地域で、店舗（商業）と住居（居住）を兼ね備えた里院と呼ばれる建築がならんでいた（青島村など、集落の人びとが里院に遷された）。里院は1階を店舗、2階以上を住居とする集合住宅で、門洞を通じて里院同士で行き

交うことのできる長屋のような構造をしていた。またドイツ風の「赤屋根」と、中国式四合院のような「中庭」をもつドイツ、中国、融合様式であることを特徴とする。1990年ごろから再開発が進み、現在は建築保護区となっている。

四方路 四方路 sì fāng lù スウファンルウ ［★☆☆］
大通りの中山路から、ドイツ統治時代に中国人街だった大鮑島へと続いていく四方路。通りの両脇には多くの店舗が軒を連ね、露店もならぶ。青島の伝統的な中国人住居の里院を多く残すエリアとなっている。

CHINA
山東省

大鮑島 大鮑岛 dà bào dǎo ダアバァオダオ ［★★☆］
大鮑島には明代ごろから集落（漁村）があったと言われ、「鮑」という名称は、鮑（アワビ）ではなく、スズキのような「魚」を煮汁につけて、紙に「包」んで売られていたことにちなむという。大鮑島は、易州路、高密路、海泊路、博山路の走るエリアで、格子状の街区をもち、ドイツ名のつけられた青島沿岸部と違って、街路は李村路、即墨路、濰県路、膠州路というように青島近くの中国地名がつけられた。1898年以降の青島の急速な発展にあわせて、多くの中国人が機会を求めてこの地に集まり、大鮑島芝罘路に江蘇省、江西省、浙江省

▲左　ずらりと屋台がならぶ大鮑島。　▲右　中国人による青島黎明期からの伝統、劈柴院界隈にて

　の商人による互助組織の三江会館が築かれた（三江会館、斉燕会館、広東会館が青島の三大会館で、これらに集まる中国商人が青島の発展をになった）。商業地と居住区を兼ねた中庭をもつ里院がいくつもならび、大港へ近いこともあって中国人商店が軒を連ねていた。

CHINA
山東省

市場三路 市场三路
shì chǎng sān lù シイチャアンサァンルウ [★☆☆]

大鮑島の北側を東西に走る市場三路。市場一路、市場二路、市場三路、聊城路一帯には、海産物や雑貨店など地元の中国人が利用する店が多く集まる。またこの一帯は、戦前に日本人が進出し、日本の会社、旅館、和食店、呉服屋がならび、多くの日本人でにぎわう日本人街でもあった(和服姿の人も見られたという)。

即墨路小商品市場 即墨路小商品市场 jí mò lù xiǎo shāng pǐn shì chǎng ジイモオルウシャオシャァンピンシイチャン ［★☆☆］

衣類やかばん、時計、雑貨、ヒスイや真珠など各種商品をあつかう専門店が軒を連ねる即墨路小商品市場。もともと家具や自転車をあつかう市場だったが、1980年、周辺の街路に1340もの個人商店が集まる露天市場となった。1994年に露店は撤去されたものの、露店主たちは即墨路界隈で営業を続け、青島有数の雑多なエリアとなっていた。現在の即墨路小商品市場は1997年に完成し、地下2階、地上2階からなる中国風の外観をもつ建物となっている。

Guide, Guan Tao Lu
館陶路城市案内

日本ではセイトウ（青島）ではなく
現地音のチンタオ（青島）という街名が親しまれている
戦前、日本と青島には深いかかわりがあった

館陶路（青島徳国風情街）馆陶路
guǎn táo lù グゥアンタァオルウ ［★★☆］

中山路の北側、堂邑路から館陶路にいたる地域は、大港や膠海関に近いウォーターフロントとして知られた。ドイツ統治時代の1897年に商社の集まる「洋行区」に定められ、1899年に建設がはじまり、1930年代には「青島のウォール街」と呼ばれるほどだった（1906年、大港が完成し、ここは上海の外灘にあたる場所だった）。とくに1914年以後の日本統治時代には三菱商事、横浜正金、三井物産、朝鮮銀行、伊藤忠、日本郵船、大阪商船などが館陶路に進出し、当時の建築が今

【地図】市街北部

【地図】市街北部の [★★☆]
- 館陶路（青島徳国風情街）馆陶路グゥアンタァオルウ
- 中山路 中山路チョンシャンルウ
- 劈柴院 劈柴院ピイチャアイユゥエン
- 大鮑島 大鲍岛ダアバァオダオ
- 浙江路天主堂 浙江路天主教堂 チャアジィアンルウティエンチュウジィアオタァン

【地図】市街北部の [★☆☆]
- 横浜正金銀行青島支店旧址 横滨正金银行青岛分行旧址 ハァンビィンチェンジィンインハァンチィンダァオフェンハァンジィウチイ
- 大港 大港ダアグァン
- 膠澳海関旧址 胶澳海关旧址 ジィアオアオハァイグゥアンジィウチイ
- 市場三路 市场三路シイチャアンサァンルウ
- 即墨路小商品市場 即墨路小商品市场 ジイモォルウシャオシャァンピンシイチャン
- 観象山公園 观象山公园 グゥアンシィアンシャンゴォンユゥエン
- 聖保羅教堂 圣保罗教堂 シェンバァオルゥオジィアオタァン

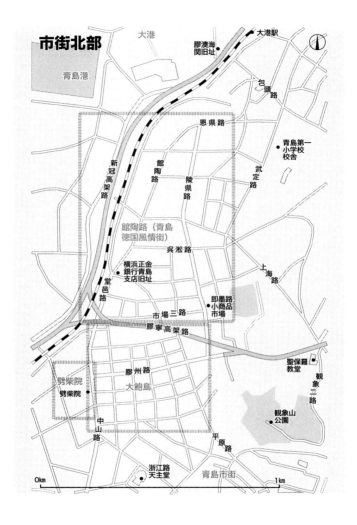

【地図】館陶路

【地図】館陶路の［★★☆］
- 館陶路（青島徳国風情街）馆陶路 グゥアンタァオルウ
- 大鮑島 大鲍岛 ダアバァオダオ

【地図】館陶路の［★☆☆］
- 三井洋行旧址 三井洋行旧址
 サァンジィンヤァンハァンジィウチイ
- 横浜正金銀行青島支店旧址 横滨正金银行青岛分行旧址
 ハァンビィンチェンジィンインハァンチィンダァオフェンハァンジィウチイ
- 三菱洋行旧址 三菱洋行旧址
 サァンリィンヤァンハァンジィウチイ
- 朝鮮銀行旧址 朝鲜银行旧址
 チャオシィアンインハァンジィウチイ
- 青島取引所旧址 青岛取引所旧址
 チィンダァオチュウインスゥオジィウチイ
- 市場三路 市场三路 シイチャアンサァンルウ
- 即墨路小商品市場 即墨路小商品市场
 ジイモオルウシャオシャァンピンシイチャン

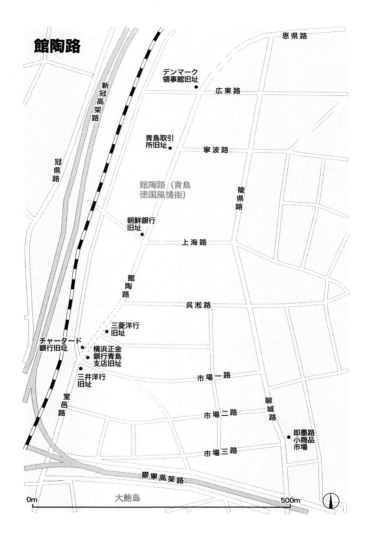

CHINA
山東省

も残っている。現在は「青島ドイツ風情街(青島徳国風情街)」として整備されていて、日本による建築のほか、「チャータード銀行旧址」「デンマーク領事館」などの西欧風建築も残る。

三井洋行旧址 三井洋行旧址 sān jīng yáng háng jiù zhǐ
サァンジィンヤァンハァンジィウチイ [★☆☆]

堂邑路に位置する三井物産(三井洋行)の青島支店旧址。三井物産は創立の翌年1877年に上海支店を設立するなど、日本の大陸進出の一翼をになってきた。三井物産が青島に進出したのは1906年で、この三井洋行旧址は1930年に建設され

Qingdao City　館陶路城市案内

たもの（三井物産は、芝罘に1899年、天津に1896年、大連に1904年に進出した）。ヨーロッパ向けの中国大豆の売買、小麦、落花生、落花生油、嚙みタバコ、雑穀、鶏卵などの中国農産物、また石炭、砂糖、機械重工業までをあつかった。ここ青島支店は天津、上海、漢口とならぶ拠点となっていて、1914年の第一次大戦時には日本軍に船舶を提供したほか、青島市政府や電報局に債権をもつほどだった。とくに日中戦争時期に売上を伸ばし、向かいにあった横浜正金銀行を取引銀行とした。

CHINA
山東省

横浜正金銀行青島支店旧址 横滨正金银行青岛分行旧址
hèng bīn zhèng jīn yín háng qīng dǎo fēn háng jiù zhǐ
ハァンビィンチェンジィンインハァンチィンダァオフェン
ハァンジィウチイ ［★☆☆］

明治維新後の 1880 年、異なる通貨間の決済を行なう外為専門の銀行として開業した横浜正金銀行。日清戦争（1894～95 年）後の日本の大陸進出や国策にあわせて中国へ進出し、香港上海銀行やチャータード銀行とともに戦前の三大外為銀行とされた。横浜正金銀行は 1913 年に青島に出張所を開設したのち、翌 1914 年の第一次大戦で一旦引き揚げ、その年の 12 月に再び、青島で開店した。日本軍がドイツ戦で使っ

▲左　壁面に描かれた日本のテレビキャラクターたち。　▲右　中山路から、堂邑路、館陶路へと続く

た軍票の整理回収を目的に、1915年に正金銀行券を発行し、また三菱商事や伊藤忠といった日系企業の青島進出を金融面で支えた。この横浜正金銀行青島支店は1919年に建てられたもので、石づくりの切妻屋根、ファザードはイオニア式の列柱が見える。館陶路のちょうど入口付近に立ち、1階が銀行の営業所、2階は支配人の住宅として使われていた。

三菱洋行旧址 三菱洋行旧址 sān líng yáng háng jiù zhǐ サァンリィンヤァンハァンジィウチイ［★☆☆］

三菱洋行こと三菱商事は、1914年の第一次大戦後に山東省

CHINA
山東省

に石炭開拓と落花生の取り扱いのために進出し、当初、1918年から済南に出張所をもうけていた(青島は1917年に日本の軍政下におかれた)。やがて済南と青島を結ぶ膠済鉄道を使った落花生、生油、牛油、石炭、機械金属品、綿布などの取引のため、青島が注目され、1918年に青島に出張所をおいて出張員を派遣した。この三菱洋行旧址は同年の1918年に建てられ、青島の在華紡(綿花をあつかう日本企業)の製品取り扱いや、青島塩(ソーダ工業のための工業塩)の輸入などを行なった。済南の出張所はやがて撤収し、青島の三菱商事支店は華北では天津とならぶ拠点となっていた。

朝鮮銀行旧址 朝鲜银行旧址 cháo xiǎn yín háng jiù zhǐ
チャオシィアンインハァンジィウチイ ［★☆☆］

朝鮮銀行は1910年の韓国併合後、日本統治下となった韓国朝鮮の中央銀行（日系銀行）として1911年に設立された。日本の大陸進出にあわせるように、朝鮮半島から満州、華北に進出し、横浜正金銀行などと覇権を争った。青島朝鮮銀行旧址は1932年に建てられ、日本法人の預金を安定的に吸収し、日系の青島ゴムなどに融資した。当初、日本と中国を結ぶ交易路は上海路線が中心だったが、1932年の上海事変の結果、青島路線の重要性が高まり、朝鮮銀行青島支店の取引

CHINA
山東省

額も増した。1945年の日本敗戦にともなって閉鎖された。

青島取引所旧址 青岛取引所旧址 qīng dǎo qǔ yǐn suǒ jiù zhǐ
チィンダァオチュウインスゥオジィウチイ [★☆☆]

落花生、生油、石炭、綿布などの商品取引が行なわれた青島取引所。この青島取引所旧址は1925年に建てられ、ふたつの塔とともにギリシャ風のファザードをもつ建築となっている（朝鮮銀行青島支店と同じ日本人建築家三井幸次郎の手による）。この取引所の売買には、日本人商人と中国人商人のほか、ドイツ、ロシア、イギリス、アメリカ商人も参加した。

▲左　街角の定食屋でもジョッキでビールを出す。　▲右　石づくりの古い建物がいくつも残る

青島の日本人街

ドイツ統治（1898〜1914年）時代の1913年には、316人だった青島の日本人は、1914年の第一次大戦の勝利を受けて、1915年には1万666人、1918年には1万9269人と右肩あがりに増えていった（戦前の青島には3万人の日本人が暮らし、映画俳優の三船敏郎や、『上を向いて歩こう』『こんにちは赤ちゃん』を作曲した中村八大は青島で生まれた）。日本人は港の大港に近い、青島市街北部に拠点を構え、中山路の先に伸びる「堂邑路」から「館陶路」に金融機関や商社が、またその背後にあたる「市場一路」「市場二路」「市場三路」「聊

城路」一帯に居住区があった。日本人の通う「青島第一小学校校舎」もこのエリア近くにあり、大鮑島と大港埠頭のあいだの新市街は、日本人街の様相を呈していたという。

大港 大港 dà gǎng ダアグァン [★☆☆]
ドイツ占領以前の青島の港は、桟橋にあったが、1899年、近代設備をもった新たな港「大港」の工事がはじまり、1906年に完成した。波をふせぐために膠州湾内側に築かれた不凍港で、干潮時の水深は10m、大型船も直接埠頭に接岸でき、そのまま鉄道の荷物を積むことができた。この港(海)と鉄

Qingdao City　館陶路城市案内

道駅（陸）が連結する運輸体系は、東アジア初と言われるほど斬新なもので、近くには海関、造船所、発電所などがおかれた（神戸や門司と青島を結ぶ航路もあった）。また北西からの風をふせぐため、全長4600mの半円形の防波堤が築かれ、防波堤内の海面の広さも特徴にあげられた。この大港の2km南側、青島市街の西側に、1901年、小港がつくられ、ジャンク船や近海航路の小さな汽船が碇泊した。

CHINA
山東省

膠澳海関旧址 胶澳海关旧址 jiāo ào hǎi guān jiù zhǐ
ジィアオアオハァイグゥアンジィウチイ ［★☆☆］

大港をのぞむように立つ、切妻屋根と時計が印象的な膠澳海関旧址。青島港の貿易事務を行なう税関として、ドイツ統治時代末年の1914年に建てられた。そばにはこの港へ物資を運んできた膠済鉄道の大港駅が残る（大港駅は青島駅より先に完成した）。

**Guide,
Xin Hao Shan**

信号山
城市案内

CHINA
山東省

ドイツ総督の暮らした邸宅が残る信号山
また小魚山からは赤屋根のならぶ
青島市街の美しい街並みが見られる

天后宮 天后宮 tiān hòu gōng
ティエンフゥオゴォン ［★★☆］

青島が形成される以前の明（1368～1644年）代に建立された、この街でもっとも古い建物の天后宮。天后は海の守り神で、漁民や船乗りたちの信仰を集め、南方では媽祖、北方では海神娘々と呼ばれることが多い（道教の神さまをまつった天后宮や天后廟は、膠州湾一帯に点在した）。この青島天后宮は崂山太清宮から分祀されたもので、1467年に建立されたのち、明の崇禎帝、清代雍正帝の時代に再建されている。黄色の屋根瓦、極彩色の装飾で彩られていて、「天后宮」の扁額

Qingdao City

信号山城市案内

が見える前院からなかに入ると、正殿には高さ 2.8m の木彫りの天后坐像が安置されている。東配殿には雨を降らせる海龍王、西配殿には文財神の比干、武財神の関羽がまつられている。明清時代からここで廟会が開かれ、青島村の住人の信仰の中心地だったが、20世紀の文革のときに破壊をこうむり、その後、1996年に修復された。現在は青島市民俗博物館となっていて、紙銭をたき、香をささげる人びとの姿がある。

【地図】市街東部

【地図】市街東部の [★★★]
- [ ] 青島ドイツ総督楼旧址 青岛德国总督楼旧址
  チィンダァオダアグゥオゾォンドゥロウジィウチイ
- [ ] 桟橋 栈桥 チャァンチャオ
- [ ] 江蘇路基督教堂 江苏路基督教堂
  ジィアンスウルウジィドゥジィアオタァン

【地図】市街東部の [★★☆]
- [ ] 天后宮 天后宫 ティエンフゥオゴォン
- [ ] 小魚山公園 小鱼山公园
  シィアオユウシャンゴォンユユエン
- [ ] 青島第一海水浴場 青岛第一海水浴场
  チィンダァオディイイハァイシュイユウチャァン
- [ ] 広西路 广西路 グゥアンシイルウ
- [ ] ドイツ総督府旧址 德国总督府旧址
  ダアグゥオツォンドウフウジィウチイ
- [ ] 浙江路天主教堂 浙江路天主教堂
  チャアジィアンルウティエンチュウジィアオタァン

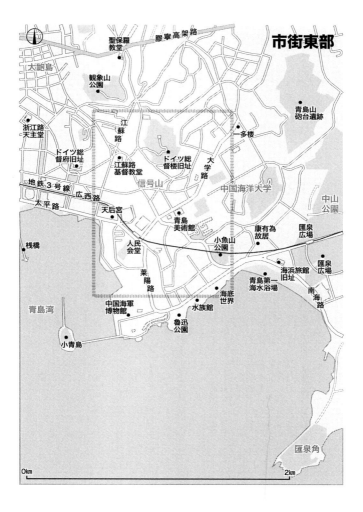

【地図】市街東部

【地図】市街東部の [★☆☆]

- [ ] 青島美術館 青岛美术馆
  チンダァオメェイシュウグゥアン
- [ ] 小青島 小青岛 シィアオチンダァオ
- [ ] 中国海軍博物館 中国海军博物馆
  チョングゥオハァイジュンボォウグゥアン
- [ ] 魯迅公園 鲁迅公园 ルウシュンゴォンユゥエン
- [ ] 青島水族館 青岛水族馆
  チンダァオシュイズゥグゥアン
- [ ] 海底世界 海底世界 ハァイデイシイジエ
- [ ] 海浜旅館旧址 海滨旅馆旧址
  ハァイビィンリュウグゥアンジウチイ
- [ ] 康有為故居 康有为故居 カァンヨウウェイグウジュウ
- [ ] 中国海洋大学 中国海洋大学
  チョングゥオハァイヤァンダアシュエ
- [ ] 一多楼 一多楼 イイドゥオロゥウ
- [ ] 匯泉広場 汇泉广场 フゥイチュゥアングゥアンチャアン
- [ ] 観象山公園 观象山公园
  グゥアンシィアンシャンゴォンユゥエン
- [ ] 聖保羅教堂 圣保罗教堂
  シェンバァオルゥオジィアオタァン
- [ ] 中山公園 中山公园 チョンシャンゴォンユゥエン
- [ ] 青島山砲台遺跡 青岛山炮台遗址
  チンダァオシャンパァオタァイイイチイ

【地図】市街東部

【地図】信号山

【地図】信号山の［★★★］
- [ ] 青島ドイツ総督楼旧址 青岛德国总督楼旧址
  チンダァオダアグゥオゾォンドゥロウジゥウチイ
- [ ] 江蘇路基督教堂 江苏路基督教堂
  ジィアンスウルウジィドゥジィアオタァン

【地図】信号山の［★★☆］
- [ ] 天后宮 天后宫ティエンフゥオゴォン
- [ ] 小魚山公園 小鱼山公园
  シィアオユウシャンゴォンユゥエン
- [ ] 広西路 广西路グゥアンシイルウ

【地図】信号山の［★☆☆］
- [ ] 青島徳国監獄旧址博物館 青岛德国监狱旧址博物馆
  チンダァオダアグゥオジィアンユウジィウチイボオウウグゥアン
- [ ] 清真寺 清真寺チンチェンスウ
- [ ] 青島美術館 青岛美术馆チンダァオメェイシュウグゥアン
- [ ] 駱駝祥子博物館 骆驼祥子博物馆
  ルゥオトゥオシィアンズウボオウウグゥアン
- [ ] 魯迅公園 鲁迅公园ルウシュンゴォンユゥエン
- [ ] 青島水族館 青岛水族馆チンダァオシュイズウグゥアン
- [ ] 海底世界 海底世界ハァイデイシイジエ
- [ ] 中国海洋大学 中国海洋大学
  チョングゥオハァイヤァンダアシュエ

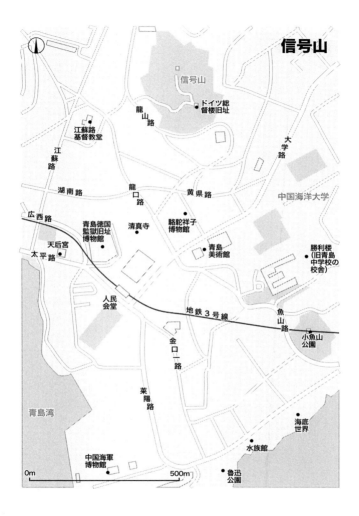

CHINA
山東省

青島村とドイツ以前の青島

1897年、ドイツが膠州湾口の青島の地を占領したとき、この地には青島村、大鮑島、会前村などの集落があり、青島には約2000人の中国人、膠州湾全体では10万人の中国人が暮らしていた。青島村に暮らす人びとは、漁業や農業に従事していたが、その信仰の中心地が明代創建の天后宮だった。また国防上の観点から、清代の1865年、青島に煙台東海関の分関がおかれ、1891年に桟橋が築かれるなど、鎮守府衙門、兵営、砲台も造営された。ドイツは青島市街の建設にあたって、この地の民家や集落をすべて焼き払おうとしたが、地元

Qingdao City　信号山城市案内

▲左　ドイツ風の街並みで一際異彩を放つ中国風建築。　▲右　天后とは天の妃（后）、広く信仰された

住民の反発を受け、天后宮と衙門だけがそのまま残されることになった。そのため、赤レンガが続く青島旧市街にあって、天后宮の純中国風建築が保存されることになり、この廟は「中国大廟」とも呼ばれる。

青島徳国監獄旧址博物館 青岛德国监狱旧址博物馆
qīng dǎo dé guó jiān yù jiù zhǐ bó wù guǎn チィンダァオダアグゥオジィアンユウジィウチイボオウウグゥアン [★☆☆]

青島で犯罪を犯したヨーロッパ人を収容した青島徳国監獄旧址博物館。円すい状の眺望台をもつ、古い城堡のようなたた

CHINA
山東省

ずまいを見せる。三層からなる花崗岩製の建物は、1900年に建てられた。

清真寺 清真寺 qīng zhēn sì チィンチェンスウ ［★☆☆］
青島のイスラム教徒が礼拝に訪れる清真寺（モスク）。1898年創建のドイツの郵政代理処があったところで、1928年に清真寺となった（当時、イスラム教徒の何連登が青島に移住してきて、モスクを必要とした）。イスラム教徒は1日5回の礼拝、豚肉を食さない食習慣など、生活に規定があるため、清真寺を中心に集住することが多かった。

青島美術館 青岛美术馆 qīng dǎo měi shù guǎn
チィンダァオメェイシュウグゥアン [★☆☆]

1932年に建てられた紅卍字会青島分会旧址に開館した青島美術館。ローマ建築、中国伝統建築、イスラム建築が融合した様式をもつ（儒教、道教、仏教、キリスト教、イスラム教をあわせた紅卍字会の教えが象徴的に表現されている）。ローマ展庁、大殿展庁、イスラム展庁からなり、中国画や洋画など、国内外の芸術家の作品を収蔵する。

CHINA
山東省

世界紅卍字会とは

紅卍字会は、1916年ごろに起こった道院の組織として、山東省を中心に勢力を広げた慈善団体(道院は儒教、道教、仏教、キリスト教、イスラム教をあわせた教えを説いた)。「紅卍字」という名称は、同様に慈善団体であった「赤十字」を意識したものだとされる。紅卍字会青島分会は最初は新泰路にあったが、こちらに遷ってきた。1932年に建てられ、世界紅卍字会青島分会旧址は現在、青島美術館となっている。

駱駝祥子博物館 骆驼祥子博物馆 luò tuó xiáng zǐ bó wù guǎn ルゥオトゥオシィアンズウボオウウグゥアン[★☆☆]

『駱駝祥子（らくだのシアンツ）』は、近代中国を生きた作家、老舎（1899～1966年）の代表作。北京に生まれた老舎は、斉魯大学で教員をつとめながら執筆にはげみ、済南に4年間、青島に3年間暮らすなかで、やがて職を辞し、1936年、ここ青島で『駱駝祥子（らくだのシアンツ）』を書きあげた（人力車夫を中心に、北京の胡同に生きる人びとを描いた）。老舎は1966年、北京で紅衛兵のリンチを受け、自殺したが、今では名誉回復し、魯迅とならぶ作家と評価されている。青

CHINA
山東省

島時代の老舎は、2階建てのドイツ式住宅に暮らし、現在はその故居は駱駝祥子博物館として開館している。

青島ドイツ総督楼旧址 青岛德国总督楼旧址
qīng dǎo dé guó zǒng dū lóu jiù zhǐ
チィンダァオダアグゥオゾォンドゥロウジィウチイ[★★★]

ドイツ統治（1898～1914年）時代、青島の最高責任者であったドイツ総督の暮らした青島ドイツ総督楼旧址。1903～07年に建てられた青島を代表する建築のひとつで、高さ98mの信号山に立つ。当時のドイツで流行したユーゲントシュ

Qingdao City 信号山城市案内

▲左　生命力ある青島ドイツ総督楼旧址。　▲右　迎賓館としての役割も果たした

ティール（アール・ヌーヴォー）様式をもち、自由奔放、変化に富んだ非対称性、彫刻的な装飾を特徴とする。外壁は木枠にレンガや土、漆喰をつめてつくられ、壁面の荒々しい石張り仕上げ、頂部にヴァイキング・ドラゴンの彫刻が見える。一方、建物内部は吹き抜けとなっていて、大小応接室、執務室、男性用と女性用のクローク、書斎などからなり、贅のかぎりが尽くされ、光にはハロゲン・ランプやろうそくの炎が使われた。莫大な費用を使ったこの青島ドイツ総督楼旧址の建設は、ドイツ本国で批判にあい、当時の総督オスカル・フォン・トゥルッペル（1901年〜1911年在位）は年俸を5万マルク

CHINA
山東省

から4万マルクにさげられ、それを不満として辞任したという。なお1914〜22年には日本軍司令官の官邸となり、その後は毛沢東や林彪なども宿泊する迎賓館として使用された。

信号山とドイツ総督

高さ98mの信号山はいわばドイツ植民都市青島の象徴にあたり、当時、ディーデリヒス山と呼ばれていた。この山の中腹には1898年、ディーデリヒス記念碑が建てられ、当初、はげ山であったがドイツが緑化を進めた。青島のドイツ総督は、初代カール・ローゼンダール（1898〜1899年在位）、

Qingdao City 信号山城市案内

第2代パウル・イェシュケ(1899〜1901年在位)、第3代オスカル・フォン・トゥルッペル(1901年〜1911年在位)、第4代アフレート・マイアー・ヴァルデック(1911〜1914年在位)と続いた。1914年の第一次大戦(日独戦争)では、青島を攻撃する日本軍に対して、ここ信号山に白旗をかかげて、ドイツは降伏の意を示した。

CHINA
山東省

小青島 小青岛 xiǎo qīng dǎo シィアオチィンダァオ[★☆☆]
青島市街の海岸から720m、青島湾に浮かぶ小さな島の小青島。青島という街名の由来となった島で、島のかたちが琴に似ていることから「琴島（チンタオ）」とも呼んだ。青島や海岸部にあった青島村の名称は、この島からとられたもので、やがてドイツが「膠奥（青島の地）」を「青島」と呼んだことで、もともとあった島は「小青島」になった（日本時代は加藤島と呼ばれた）。琴女彫塑が立つほか、現在は堤防によって陸地とひとつながりになっている。膠州湾口には、「青島」のほか「黄島」や「紅島」といった島も浮かんでいた。

▲左　魯迅公園の一角に立つ水族館。　▲右　荒々しいむき出しの岩が続く

中国海軍博物館 中国海军博物馆
zhōng guó hǎi jūn bó wù guǎn
チョングゥオハァイジュンボオウウグゥアン ［★☆☆］

北海艦隊（中国海軍）の拠点のある青島にあって、1989年に開館した中国海軍博物館。海軍の服装や徽章はじめ、軍艦、航空機、ミサイル、水中武器、通信機器、水陸両用戦車などを展示する（人民海軍の鞍山号と鷹潭号が港につながれている）。また1949年の中華人民共和国設立以前、青島はアメリカ軍基地があったことでも知られ、やがてアメリカ軍の極東拠点は青島から沖縄へ遷った。

CHINA
山東省

魯迅公園 鲁迅公园
lǔ xùn gōng yuán ルウシュンゴォンユゥエン [★☆☆]

青島の海岸部そば、海からの心地よい風がふく魯迅公園。ドイツ統治時代に、防風林を植えたことがはじまりで、戦前は海浜公園といった。新中国設立後の1950年に魯迅公園となり、牌楼には「蓬壺勝覽」の文字が立ち、その奥に花崗岩製の「魯迅彫像」、全長70mの「魯迅詩廊」、高さ2m、幅3mの「自伝碑亭」が位置する。また、ごつごつとした荒々しい岩石も見える。

Qingdao City　信号山城市案内

青島水族館 青岛水族馆 qīng dǎo shuǐ zú guǎn
チィンダァオシュイズウグゥアン ［★☆☆］

魯迅公園の一角に位置し、中国の城廓のような外観をもつ青島水族館。1930年に蔡元培らが発起し、1931年に完成した。200種類の海洋生物、900種類の海洋動植物の標本を収蔵する。

海底世界 海底世界 hǎi dǐ shì jiè ハァイデイシイジエ［★☆☆］

魯迅公園と青島第一海水浴場のあいだに立つ新型水族館の海底世界。夢幻水母宮、新海洋生物館、海獣館、新淡水生物館、

CHINA
山東省

新鯨館、海底世界、海洋科技館からなり、魚を近くで見られる長さ82.6mの海底トンネルもある。2000種類2万ものの海洋生物の標本を収蔵するほか、1000種類数万を超す海洋生物を収容する。

小魚山公園 小鱼山公园 xiǎo yú shān gōng yuán
シィアオユウシャンゴォンユゥエン ［★★☆］

高さ61mの小魚山公園からは、桟橋、海水浴場、八大関など、ドイツ統治時代の美しい青島の街並みを見ることができる。小魚山公園はもともと名もなき山だったが、この山の西側に

▲左　小魚山公園への道のり。　▲右　小魚山公園の頂上に立つ覧潮閣

清朝の衙門がおかれると衙門山と呼ばれるようになった。青島黎明期の1923年、この山へ続く道が阿利拉街から魚山路と改名されたことで、魚山の名称が定着した。1934年、青島湛山寺の仏教徒が、二層からなる湛山精舎を建てたという経緯もあり、その後、1985年に中国の園林様式をもつ公園として整備された。高さ18m、三層八角の「覧潮閣」が立ち、東西にそれぞれ「拥翠亭」と「碧波亭」を併設する。

CHINA
山東省

青島第一海水浴場 青岛第一海水浴场
qīng dǎo dì yī hǎi shuǐ yù chǎng
チィンダァオディイイハァイシュイユウチァァン [★★☆]

匯泉湾にのぞむ美しい砂浜をもつ東西580m、幅40mの青島第一海水浴場。ドイツが占領した当時、このあたりには漁村がたたずむばかりだったが、1901〜03年にかけて美しいビーチが整備された。ドイツ人からは「極東のオーステンデ(ベルギーのビーチ)」、イギリス人からは「中国のブライトン(イギリスのビーチ)」と呼ばれ、旅館、舞庁、バー、カフェなども位置した。第一海水浴場から東へ向かって、第二海水浴

場、第三海水浴場へと続き、中国の海は黄色くにごっていることが多いが、青島の海は荒れても清澄でにごることは少ないという。

海浜旅館旧址 海滨旅馆旧址 hǎi bīn lǚ guǎn jiù zhǐ
ハァイビィンリュウグゥアンジウチイ ［★☆☆］

青島第一海水浴場のそばに立つ海浜旅館旧址。1904年に建てられた青島黎明期のリゾートホテルで、赤屋根、左右対称のベランダをもつ（中世ヨーロッパを彷彿とさせる建築）。1912年に青島を訪れた孫文は、ここに泊まった。

山東省

康有為故居 康有为故居
kāng yǒu wéi gù jū カァンヨウウェイグウジュウ［★☆☆］

清朝末期の政治家・思想家であった康有為（1858〜1927年）が晩年を過ごした康有為故居。戊戌の変法に失敗した康有為は、1898年から亡命生活を送り、1913年に中国に戻ってきた（明治維新を成功させた日本を習い、立憲君主制を目指したが、やがて中華民国に遷り、孫文らが台頭した）。康有為は旧清朝の恭親王に会うため、1917年に青島をはじめて訪れ、その後の1923年に再び青島を訪れてこの邸宅を購入した。1900年建立、2階建て赤レンガのドイツ風建築は、ド

▲左　天遊園（天に遊ぶ園）と名づけられた康有為故居。　▲右　中国を代表するビーチの青島第一海水浴場

イツ総督副官の官邸だったところで、康有為はここを「天遊園」と名づけた。「青島は気候がとてもよい。庭は実に広いが、価格は安かった」「（青島は）上海よりもいいところである」と康有為は言い、「青山緑樹、碧海藍天、中国第一」という青島を象徴する言葉は康有為のものと知られる。1923〜1927年の晩年、政界を引退した康有為が著作活動や実業活動に専念した康有為故居には、客庁、書斎などが残り、当時はここから海が見えたという。

CHINA
山東省

中国海洋大学 中国海洋大学 zhōng guó hǎi yáng dà xué
チョングゥオハァイヤァンダアシュエ [★☆☆]

青島旧市街の東にあたるこの地にはもともと清朝の兵営があり、1924年にここで青島大学が創立された。その後、国立青島大学、国立山東大学と遷り、2002年に中国海洋大学となってからは、魚類や資源などの海洋調査、研究の拠点となっている（山東省を代表する大学のひとつ）。日本統治時代の1920年に建てられた「勝利楼（旧青島中学校の校舎）」が残るほか、毛沢東の妻の江西（李雲鶴）は、青島大学の図書館事務員であったことも知られる。

Qingdao City

信号山城市案内

一多楼 一多楼 yī duō lóu イイドゥオロォウ ［★☆☆］
青島海洋大学キャンパス北東隅に位置する聞一多故居の一多楼。聞一多は1899年に湖北省で生まれ、アメリカに留学して文学、絵画、芸術を学んだ。武漢大学、青島大学をへて清華大学で教鞭をとるなかで、1930年、聞一多は青島大学で文学史、唐詩、イギリス詩を教えている。一多楼はその当時の住まいで、老舎とともに近代中国を代表する文人であった聞一多が暮らしたこともあり、この時代の青島の文化は大きく発展した。1946年、聞一多は国民党に暗殺された。

Guide,
Ba Da Guan
八大関
城市案内

八大関景区は保養、リゾート地として計画された
スポーツや休暇を楽しむ人のための別荘がならび
多種多様な近代建築が残る

八大関景区 八大关景区 bā dà guān jǐng qū
バアダアグゥアンジィンチュウ［★★★］

19世紀末から20世紀初頭に建てられた300もの多様な建築が残る別荘地の八大関景区。この一帯の通りは中国を代表する「関所」の名前をもち、最初8条あったため「8つの関所の通り」を意味する「八大関」と名づけられた。その後、ふたつの通りが加わって横7条、縦3条の10の通りが走っている（韶関路、嘉峪関路、山海関路、武勝関路、正陽関路、寧武関路、紫荊関路、居庸関路、函谷関路、臨淮関路）。これらの通りのうち、韶関路には桃の木、正陽関路にはサルス

CHINA
山東省

ベリ、紫荊関路にはヒマラヤスギが植えられるというようにそれぞれの通りごとに特徴をもつ。ここ八大関は、青島黎明期から西欧人たちの別荘地となり、演奏会や社交界がたびたび行なわれ、競うように建築が建てられた。ロシア、ドイツ、イギリス、フランス、アメリカ、日本、ポルトガル、デンマーク、ギリシャなど、各国の建築が集まるその様子は万国建築博覧会とも呼ばれる。また蒋介石、毛沢東、鄧小平らの過ごした別荘地も残る。

▲左　緑豊かな八大関景区、サイクリングを楽しむ人も多い。　▲右　蒋介石と宋美齢の別荘地でもあった花石楼

公主楼 公主楼 gōng zhǔ lóu ゴォンチュウロォウ [★☆☆]

居庸関路10号に立つデンマーク公主の別荘だった公主楼。1929年、デンマーク王子は豪華客船に乗って青島にやってきて、この地に遊んだ（領事館は館陶路にあり、こちらを別荘地とした）。以降、デンマーク王族がこの別荘に避暑にやってきたことから、「公主楼」と呼ばれるようになった。地上3階、地下1階からなる北欧風建築のたたずまいを見せる。

花石楼 花石楼 huā shí lóu フゥアシイロォウ [★★☆]

八大関景区でも一際、目をひくヨーロッパの古城のようなた

【地図】八大関

【地図】八大関の［★★★］
- ☐ 八大関景区 八大关景区 バアダアグゥアンジィンチュウ

【地図】八大関の［★★☆］
- ☐ 花石楼 花石楼 フゥアシイロォウ

【地図】八大関の［★☆☆］
- ☐ 公主楼 公主楼 ゴォンチュウロォウ
- ☐ 青島第二海水浴場 青岛第二海水浴场 チィンダァオディアアハイシュイユウチャァン
- ☐ 元帥楼 元帅楼 ユゥアンシュアイロォウ
- ☐ 八大関小礼堂 八大关小礼堂 バアダアグゥアンシィアオリイタァン
- ☐ 匯泉広場 汇泉广场 フゥイチュゥアングゥアンチャァン
- ☐ 中山公園 中山公园 チョンシャンゴォンユウエン

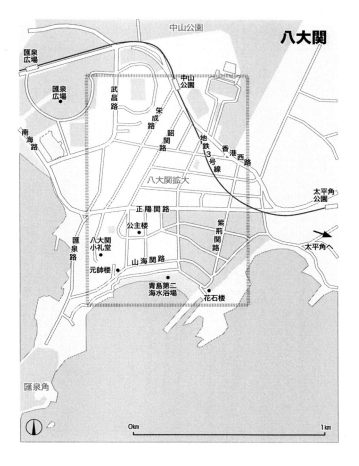

Qingdao City 八大関城市案内

【地図】八大関拡大の [★★★]
- [ ] 八大関景区 八大关景区 バアダアグゥアンジィンチュウ

【地図】八大関拡大の [★☆☆]
- [ ] 公主楼 公主楼 ゴォンチュウロォウ
- [ ] 青島第二海水浴場 青岛第二海水浴场
  チィンダァオディアアハァイシュイユウチャァン
- [ ] 山海関路1号 山海关路1号
  シャンハァイグゥアンルウイイハァオ
- [ ] 山海関路5号 山海关路5号
  シャンハァイグゥアンルウウウハァオ
- [ ] 青島釣魚台 青岛钓鱼台
  チィンダァオディアオユウタァイ
- [ ] 山海関路13号 山海关路13号
  シャンハァイグゥアンルウシイサァンハァオ
- [ ] 青島八大関賓館 青岛八大关宾馆
  チィンダァオバアダアグゥアンビィングゥアン
- [ ] 元帥楼 元帅楼 ユゥアンシュアイロォウ
- [ ] 八大関小礼堂 八大关小礼堂
  バアダアグゥアンシィアオリイタァン

CHINA
山東省

たずまいの花石楼。1903年の創建時、ドイツ総督が狩猟を行なうときに休息する行宮として利用され、「歇脚楼」と呼ばれていた。その後、1931年に中国に亡命してきた白ロシア貴族がここを修建して住まいとし、「花崗岩」製の外壁と、角の「丸石」から「花石楼」と名づけた。5層からなる建物の外観はギリシャ・ローマ建築の影響が見え、内部は螺旋階段とステンドグラスとともに、贅をこらした調度品がおかれている。中華民国の総統となった蒋介石(1887～1975年)は宋美齢とこの花石楼で休暇を過ごしたため、蒋公館ともいう。南に海を望む岬に立つ。

青島第二海水浴場 青岛第二海水浴场 qīng dǎo dì èr hǎi shuǐ yù chǎng チィンダァオディアアハァイシュイユウチャァン[★☆☆]

西の匯泉角と東の太平角のあいだ、太平湾にのぞむ青島第二海水浴場。この地は別荘地の八大関に隣接し、古くは山海関路海水浴場と呼ばれていた。毛沢東は1957年の夏、青島に滞在したとき、ここで5度泳いだ。

山海関路1号 山海关路1号 shān hǎi guān lù yī hào シャンハァイグゥアンルウイイハァオ[★☆☆]

フランスの農村式建築を思わせる山海関路1号。赤の屋根と黄色の壁をもつ2層の建築で、1933年に建てられた。

山東省

山海関路 5 号 山海关路 5 号 shān hǎi guān lù wǔ hào
シャンハァイグゥアンルウウウハァオ ［★☆☆］

日本人が青島に多く進出した時代の、1934 年に建てられた山海関路 5 号。日本の建築様式をもち、1949 年の新中国建国後、鄧小平（1904 〜 97 年）がここで過ごしたこともあった。

青島釣魚台 青岛钓鱼台 qīng dǎo diào yú tái
チィンダァオディアオユウタァイ ［★☆☆］

山海関路 9 号に位置する 4 層の建物、青島釣魚台。青島を訪れた要人をもてなす貴賓楼で、当初、家具はアメリカから輸

▲左　日本式の様式をもつ元帥楼。　▲右　八大関は青島でも有数の観光地となっている

入したという。釣魚台という名称は、北京の中南海にある迎賓館からとられ、劉少奇、周恩来、鄧小平、江沢民らが来客をもてなした。

山海関路 13 号 山海关路 13 号 shān hǎi guān lù shí sān hào
シャンハァイグゥアンルウシイサァンハァオ ［★☆☆］
中華民国時代の 1935 年に建てられた、中国と西欧の融合様式の山海関路 13 号。国民党時代に、山東省政府主席である韓復榘が拠点とした。

山東省

青島八大関賓館 青岛八大关宾馆 qīng dǎo bā dà guān bīn guǎn チィンダァオバアダアグゥアンビィングゥアン[★☆☆]
南に太平湾をのぞむ地に1980年に建てられた青島八大関賓館。八大関のなかではめずらしい白色の別荘で、内装には木彫りの装飾が見られる。山海関路15号ともいう。

元帥楼 元帅楼 yuán shuài lóu ユゥアンシュアイロォウ[★☆☆]
元帥楼は、日本統治時代の1940年に建てられた2階建ての日本式建築。その後、羅栄桓、彭徳懐、劉伯承、賀龍といった元帥（人民解放軍の指導者）がここで暮らしたことから「元

帥楼」の名前がつけられた。

八大関小礼堂 八大关小礼堂 **bā dà guān xiǎo lǐ táng**
バアダアグゥアンシィアオリイタァン ［★☆☆］
会議室、宴会などからなる八大関小礼堂は、1959年に建てられた。中国共産党の指導者が集まって、たびたび会議が行なわれてきた。正式名称を八大関賓館礼堂と呼ぶ。

匯泉広場 汇泉广场 huì quán guǎng chǎng
フゥイチュゥアングゥアンチャァン［★☆☆］

1960年代に整備された、各種イベントの開かれる円形広場の匯泉広場。古くはここに中国人集落の会前村があり、ドイツ統治時代にイルチス兵営と競馬場がおかれ、春秋の競馬、サッカーやポロ競技が行なわれた。1920年代に「会前 huì qián」と同じ発音の「匯泉 huì quán」と呼ばれるようになり、その後、断崖絶壁に釣り糸をたらす「匯浜垂釣」は青島を代表する光景として知られた。現在も緑におおわれた美しい姿を見せ、近くには遠浅で砂の細かい匯泉湾が広がる。

太平角 太平角 tài píng jiǎo タァイピィンジィアオ [★☆☆]

八大関の東、三方を海に囲まれた美しい岬の太平角。1930年代に建てられた洋館がならぶ別荘地で、あたりの緑は1920年代に植樹されたもの。この岬の東側は、第三海水浴場となっている。

Guide,
Zhong Shan Gong Yuan
中山公園
城市案内

青島東部にそびえる太平山や青島山は
青島市街を防衛するための軍事拠点でもあった
青島電視観光塔や湛山寺も位置する

中山公園 中山公园 zhōng shān gōng yuán
チョンシャンゴォンユゥエン［★☆☆］

青島市街の東部、太平山（旧イルチス山）を利用してつくられた大きな敷地をもつ中山公園。ドイツ統治時代の1901年、ここに植物試験場をつくり、各国の植物を植えたことにはじまり、園内には1000種20万株の樹木と草花が栽培されている（ドイツが植樹を進めた当時、アカシア、赤松、黒松、落葉松、桜はじめ650種類のおよぶ数百万本の樹木が、世界中から青島に運ばれ、とくに緯度や環境の近い日本から桜や松など多くの植物が運ばれた）。かつては野生の鹿などの動物

【地図】中山公園

【地図】中山公園の [★★★]
- [ ] 青島ビール博物館 青岛啤酒博物馆 チィンダァオピイジィョオボオウウグゥアン
- [ ] 八大関景区 八大关景区 バアダアグゥアンジィンチュウ

【地図】中山公園の [★★☆]
- [ ] 花石楼 花石楼 フゥアシイロォウ
- [ ] 台東歩行街 台东步行街 タァイドォンブウシィンジエ

【地図】中山公園の [★☆☆]
- [ ] 中山公園 中山公园 チョンシャンゴォンユゥエン
- [ ] 青島電視観光塔 青岛电视观光塔 チィンダァオディエンシイグァングゥアンタア
- [ ] 湛山寺 湛山寺 チャァンシャンスウ
- [ ] 青島山砲台遺跡 青岛山炮台遗址 チィンダァオシャンパァオタァイイイチイ
- [ ] 貯水山児童公園 贮水山儿童公园 チュウシュイシャンアアトォンゴォンユゥエン
- [ ] 太平角 太平角 タァイピィンジィアオ

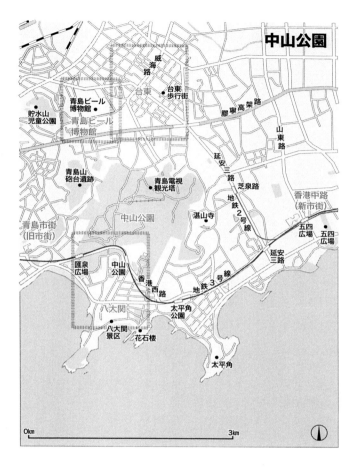

山東省

も生息して「森の国」ドイツを思わせる森林公園となっていた。1914年以降の日本統治時代には旭公園と呼ばれ、その後の1929年に中山公園と改名された。

青島電視観光塔 青岛电视观光塔
qīng dǎo diàn shì guān guāng tǎ
チィンダァオディエンシイグァングゥアンタア ［★☆☆］

太平山の北側、欅林公園に立つ高さ232mの青島電視観光塔。鋼製の塔身は下からうえに伸びあがり、110mのところに観光庁、そのすぐうえの115mのところに球体の展望台が位置

▲左　中国語で書かれた中国人向け食堂の看板。　▲右　森の国ドイツがつくった中山公園

する。山の高さをあわせた上部の高さは 348m になり、展望台からは青島を一望できる。1995 年に建てられた。

湛山寺 湛山寺 zhàn shān sì チャァンシャンスウ ［★☆☆］
太平山東麓に位置し、青島でほとんど唯一と言える仏教寺院の湛山寺（20 世紀以降に街が発展した青島市街には、古刹や仏教寺院はなく、崂山の仏教寺院と城陽法海寺が知られる。また日本統治時代には青島各地に日本の仏教寺院が建てられた）。この湛山寺の建設は 1934 年にはじまり、1945 年に完成し、山門、天王殿、大雄宝殿、三聖殿、蔵経楼と軸線上に

続く伽藍をもつ。大雄宝殿は曲阜の孔子廟大成殿を模したと言われ、薬師如来をまつった八角七層の薬師塔も立つ。

青島山砲台遺跡 青岛山炮台遗址 qīng dǎo shān pào tái yí zhǐ **チィンダァオシャンパァオタァイイイイチイ** [★☆☆]
標高 128.5m の青島山（旧ビスマルク山）に整備されたドイツ時代の砲台遺跡。1891 年、ここに清軍の砲台がおかれ、その後、1899 年、ドイツが軍事要塞を建設した。この山は、ドイツ宰相の名前をとってビスマルク山と呼ばれ、モルトケ山（貯水山）、イルチス山（太平山）とともに、青島市街を

防衛する拠点であった。1914年の第一次大戦のとき、日本軍とドイツ軍の攻防戦が展開されたという経緯もある。北砲台、南砲台、地下要塞が位置し、なかでも地下要塞は保存状態がよい。1997年には青島山砲台記念館が開館した。

貯水山児童公園 贮水山儿童公园
zhù shuǐ shān ér tóng gōng yuán
チュウシュイシャンアアトォンゴォンユゥエン [★☆☆]

ドイツ統治（1898～1914年）時代に青島市街に水を供給する貯水池があった貯水山（都市計画にあたって、降雨量が少

CHINA
山東省

なく、河川もないことから、青島での水の供給が問題視された)。ドイツ統治時代はモルトケ山と呼ばれていたこの山は、日本統治時代に若鶴山と命名された。1915年に青島神社が建てられ、日本から移された桜の木も植えられた。1945年の日本の敗戦とともに、青島神社は撤去されたが、当時の石段は今も残る。

**Guide,
Qing Dao Pi Jiu Bo Wu Guan**
青島ビール博物館
観賞案内

CHINA
山東省

青島を代表するブランドの青島ビール
ビールの本場ドイツの伝統と技術を受け継ぎ
この地から世界へと広まった

青島ビール博物館 青岛啤酒博物馆
qīng dǎo pí jiǔ bó wù guǎn
チィンダァオピイジィョオボオウグゥアン ［★★★］

青島ビールは、ドイツ統治時代の1903年にドイツとイギリスの商人が、青島郊外の崂山の鉱泉水と、ビールの本場ドイツの製造技術をもちいてつくったことをはじまりとする。ビールづくりのための麦芽、ホップ、瓶にいたるまでドイツから輸入し、工場ではドイツ人技術者、労働者が働いた。この工場（青島ビール博物館）でつくったビールは、早くも1906年にミュンヘンの博覧会で金賞を受賞するほどだっ

Qingdao City — 青島ビール博物館観賞案内

た。その後、世界的なブランドへと成長をとげ、青島を象徴する企業となっている。20世紀初頭に建てられ当時のたたずまいを残す青島ビール博物館は、A館、B館、C館にわかれていて、青島ビールの発展や製造方法を展示する。A館の「与歴史対話（百年歴史文化陳列区）」は青島ビールの歴史を図版や資料で紹介し、1947年に撮られた広告も見られる。B館は「与経典相遇（青島啤酒的醸造工芸区）」で、ドイツ時代の工場の様子、醸造の様子が紹介され、発電機や醗酵桶も展示されている。C館は「与世界干杯（多功能互動休閑区）」では、酵母の生きたできたばかりの新鮮な青島ビー

【地図】青島市街～台東

【地図】青島市街～台東の [★★★]
- ☐ 青島ビール博物館 青岛啤酒博物馆 チィンダァオピイジョオボオウグゥアン
- ☐ 桟橋 栈桥 チャァンチャオ
- ☐ 八大関景区 八大关景区 バアダアグゥアンジィンチュウ

【地図】青島市街～台東の [★★☆]
- ☐ 台東歩行街 台东步行街 タァイドォンブウシィンジエ
- ☐ 青島駅 青岛站 チィンダァオヂアン
- ☐ ドイツ総督府旧址 德国总督府旧址 ダアグゥオツォンドウフウジィウチイ
- ☐ 中山路 中山路 チョンシャンルウ
- ☐ 大鮑島 大鲍岛 ダアバァオダオ
- ☐ 館陶路（青島徳国風情街）馆陶路 グゥアンタァオルウ
- ☐ 小魚山公園 小鱼山公园 シィアオユウシャンゴォンユュエン
- ☐ 花石楼 花石楼 フゥアシィロゥ

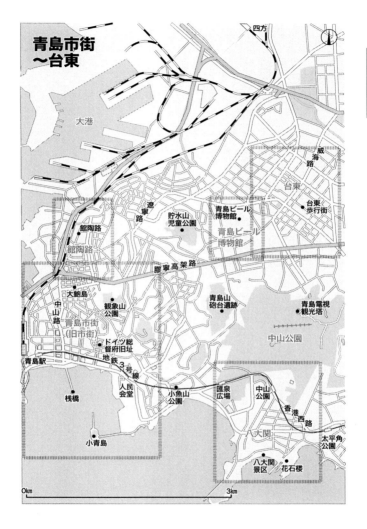

【地図】青島市街～台東の [★☆☆]

- ☐ 貯水山児童公園 贮水山儿童公园 チュウシュイシャンアアトォンゴォンユゥエン
- ☐ 中山公園 中山公园 チョンシャンゴォンユゥエン
- ☐ 青島電視観光塔 青岛电视观光塔 チィンダァオディエンシイグァングゥアンタア
- ☐ 青島山砲台遺跡 青岛山炮台遗址 チィンダァオシャンパァオタァイイイチイ
- ☐ 観象山公園 观象山公园 グゥアンシィアンシャンゴォンユゥエン
- ☐ 大港 大港 ダアグァン
- ☐ 小青島 小青岛 シィアオチィンダァオ

【地図】青島市街～台東

【地図】青島ビール博物館

【地図】青島ビール博物館の［★★★］
- ☐ 青島ビール博物館 青岛啤酒博物馆
 チィンダァオピイジィョオボオウグゥアン

【地図】青島ビール博物館の［★★☆］
- ☐ 台東歩行街 台东步行街 タァイドォンブウシィンジエ

【地図】青島ビール博物館の［★☆☆］
- ☐ 青島ビール街 青岛啤酒街
 チィンダァオピイジィョオジィウジエ
- ☐ 青島天幕城 青岛天幕城
 チィンダァオティエンムウチャァン
- ☐ 青島文化街 青岛文化街 チィンダァオウェンフゥアジエ
- ☐ 青島煙草博物館 青岛烟草博物馆
 チィンダァオイェンツァオボオウグゥアン

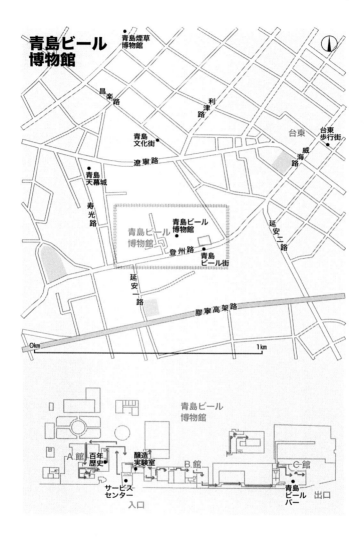

青島ビール博物館

Qingdao City　青島ビール博物館観賞案内

山東省

ルを飲むことができる。青島ビールの表記は、現在のピンイン（Qingdao）を使わず、設立当時の表記（Tsingtao）が使われている。

青島ビールの歴史

青島ビールは、青島に駐在する2000人を超すドイツ艦隊のドイツ人船員にビールを提供する目的で、1903年に設立された英徳醸酒有限公司を前身とする。日本が第一次大戦で青島を占領した後の1916年、青島ビールはキリンとアサヒビールに買収されたという経緯もある（ドイツから原料を輸入す

▲左　チャイナドレスに青島ビールの広告。　▲右　酵母の生きたできたてのビールが飲める

るやりかたでは、距離の近い日本製ビールに対抗できなかった)。20世紀なかごろまでは、青島ビールはドイツ人や外国人駐在員、外交官などの要人、中国人上流階層向けで、一般には春節にあたってひと世帯に10本が配給される程度だった。1980年代からビール産業の育成が進むと、一般にもビールを飲む習慣が広まり、青島ビールは燕京ビールとならんで中国を代表するビールにあげられる。現在、ビニール袋に入れたビールを片手に歩く青島人の姿も見られる。

CHINA
山東省

麦とホップ、水でつくるビール

古代ローマ帝国の時代、ゲルマン人の暮らすヨーロッパ北部ではワインの原料となるぶどうが収穫されず、麦を醗酵させて飲むビールの原型飲料が飲まれていた(ローマ人の好んだワインは、乾燥した風土で栽培された)。ワインと違ってビールは食べものを原料とする「飲むパン」という意味合いも強く、修道士たちの栄養源であり、中世、半数以上の修道院でビールを醸造していたという。またペストが流行って生水が飲めないときでも、ビールは安全な飲みものであった。このようなビールは、パンに使われる「小麦」ではなく、貯蔵性

Qingdao City 青島ビール博物館観賞案内

の高い「大麦」を原料とする。14世紀ごろビール醸造用のホップが栽培されるようになり、15、16世紀ごろ、大麦のモルト（麦芽）、ホップ、水でつくる現在のビールができあがった。ドイツでは一般家庭でも広く愛飲され、秋になると各地でビール祭りが開催される。

青島ビール街 青岛啤酒街 qīng dǎo pí jiǔ jiē
チィンダァオピイジィョオジィウジエ [★☆☆]
青島啤酒博物館の前方を東西に走る登州路は、青島ビール街（登州路啤酒街）と呼ばれる。このあたりはドイツ統治時代

217

に兵営があった場所で、2005年に現在のかたちに整備され、ビールを飲めるレストランがずらりとならぶ。瓶、缶、樽、袋とさまざまなかたちでビールが売られていて、夜には多くの人でにぎわう。

青島天幕城 青岛天幕城 qīng dǎo tiān mù chéng
チィンダァオティエンムウチャァン ［★☆☆］

遼寧路にあった紡織工場と染色工場跡に2007年に完成した青島天幕城。西欧風の街並みが続く上部には天幕がかかり、朝日や夕陽を受けて変化していく。旅游、休暇、各種エンター

▲左　青島ビール博物館の内部の様子。　▲右　活気ある店舗がならぶ青島ビール街

テイメント、ショッピングなどの目的にあわせたさまざまな店舗が集まり、各地の料理が食べられる美食街となっている。

青島文化街 青岛文化街 qīng dǎo wén huà jiē
チィンダァオウェンフゥアジエ［★☆☆］

青島啤酒博物館の北側を走る青島文化街（昌楽路）。2005年に整備され、書画や図書、骨董品、工芸品、小玩具、家具をあつかう店舗が集まる。全長1500m。

CHINA
山東省

青島煙草博物館 青岛烟草博物馆
qīng dǎo yān cǎo bó wù guǎn
チィンダァオイェンツァオボオウウグゥアン ［★☆☆］

1919創意産業園内に位置する青島煙草博物館。ここに1920年代、大英煙草公司があり、当時の赤レンガの建築を利用して開館した。青島煙草産業の発展、煙草文化の伝来、各種煙草商品、喫煙道具などが展示されている。

Guide, Tai Dong
台東
城市案内

青島黎明期にドイツ人街から隔離して
つくられた中国人街の台東
今では青島屈指の繁華街へと成長をとげた

台東のはじまり

1898年、ドイツによる青島建設がはじまると、仕事と機会を求めて多くの中国人が青島に流入した。膠済鉄道や大港建設のために中国人労働力が必要となり、ドイツ人の暮らす青島中心部から3.5km北東に離れた場所に、中国人居住区の台東鎮が築かれた（また青島市街2km西に台西鎮が築かれた）。この台東鎮は400m四方の正四角形で、碁盤の目条の街区をもち、青島海岸部の漁村を追い出された人たち、中国人労働者や商人、家内手工業者らが居を構えていた。野菜市場、魚肉市場、雑貨店、衣料店など、生活に必要な店舗がならんでいた。

【地図】台東

【地図】台東の［★★★］
- ☐ 青島ビール博物館 青岛啤酒博物馆 チィンダァオピイジィョオボオウウグゥアン

【地図】台東の［★★☆］
- ☐ 台東歩行街 台东步行街 タァイドォンブウシィンジエ

【地図】台東の［★☆☆］
- ☐ 青島ビール街 青岛啤酒街 チィンダァオピイジィョオジィウジエ
- ☐ 青島文化街 青岛文化街 チィンダァオウェンフゥアジエ

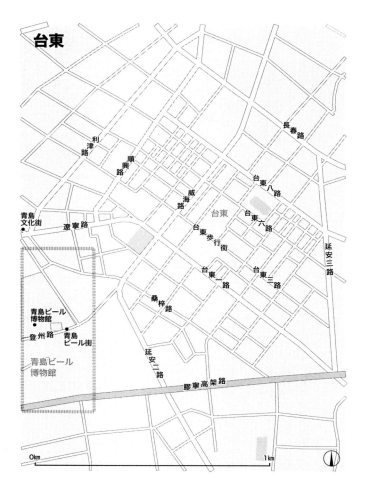

CHINA
山東省

▲左　大型ショッピングモールが集まる台東。　▲右　桟橋近くから見た台西方面

台東歩行街 台东步行街
tái dōng bù xíng jiē タァイドォンブウシィンジエ [★★☆]

青島市街の拡大とともに、20世紀後半から台東の立地が注目され、現在では青島有数の繁華街として成長した。台東は南から北に向かって一路、二路と八路へと続き、とくに台東三路は2006年に台東歩行街として整備された。延安三路から威海路にいたる全長1000mのなかで、「沃爾瑪」「万達広場」などの大型商業店舗がならび、各種ショップ、レストラン、屋台などが集まる。あたり一帯は、夜遅くまでにぎわいを見せている。

Guide, Tai Xi
台西
城市案内

膠州湾口へ向かって伸びる半島部に位置する台西
かつて台東とともに中国人居住区として整備され
現在は対岸の青島経済技術開発区への足がかりになる

台西 台西 tái xī タイシイ ［★☆☆］

1898年以降のドイツによる青島建設にあわせて、小泥窪村のあったこの地は中国人居住区「台西（鎮）」として整備された。同じく中国人居住区だった「台東（鎮）」に、鉄道や港湾労働者たちが多く暮らしたのに対して、こちらの台西には漁業従事者などが暮らした。台東と同じく碁盤の目状の街区をもち、青島市街防衛のための砲台（台西鎮砲台）もおかれていた。現在では高層ビルも林立し、ここから団島をへて、膠州湾海底トンネルが対岸の青島経済技術開発区へ続いている。

【地図】台西

【地図】台西の ［★★☆］
- □ 青島駅 青岛站 チィンダァオヂアン

【地図】台西の ［★☆☆］
- □ 台西 台西 タァイシイ
- □ 青島海関大楼 青岛海关大楼 チィンダァオハァイグゥアンダアロォウ

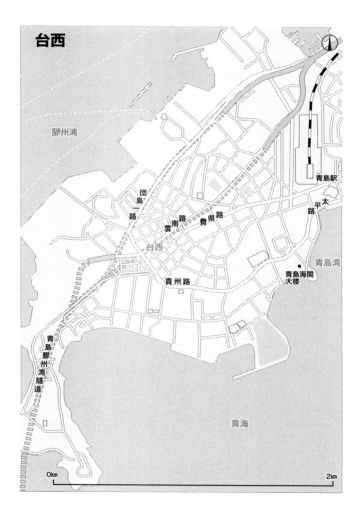

CHINA
山東省

青島海関大楼 青岛海关大楼 qīng dǎo hǎi guān dà lóu
チィンダァオハァイグゥアンダアロォウ ［★☆☆］

桟橋からも一際高く見える、高さ139.9 mの青島海関大楼。1992年に建てられた地上24階、地下2階からなり、前面はガラス貼り、頂部は尖塔式の建物となっている。またその前方には貝がイメージされた球状の複合商業施設「海上皇宮」が位置する。

交錯する
ドイツ
日本青島

CHINA
山東省

山東省の要衝に位置する青島では
ドイツ、そして日本のさまざまな思惑が交錯し
19世紀末から急速に都市建設が進んだ

青島以前のドイツのかんたんな歴史

古代ローマ帝国では、ドイツ一帯は辺境の地にあたり、4世紀末のゲルマン民族の大移動によってゲルマン諸部族の国家群が成立した。フランス、ドイツ、イタリアにまたがるフランク王国（486～987年）では、キリスト教が信仰され、その後、この王国は分裂した。こうしたなか、ドイツの地にあったゲルマン王朝のなかから、962年、神聖ローマ帝国（ローマ教皇から戴冠）が成立し、1806年まで持続した。この神聖ローマ帝国の領域では、ベルリン、ザクセン、バイエルンなど300に近い領邦国家が群雄割拠する状態だった。フラン

Qingdao City

交錯するドイツ日本青島

スやイタリア、イギリスが近代国家や資本主義を確立するなかで、ドイツでは諸侯国のなかで有力であったプロイセンが1871年にドイツを統一した（ビスマルクを宰相としたドイツ帝国）。やがて1888年にヴィルヘルム2世が皇帝（カイザー）に即位すると、積極的な対外進出へ舵を切り、1898年に青島を獲得するにいたった。

CHINA
山東省

日本と青島

日清戦争（1894〜95年）以降、日本の大陸進出が進み、朝鮮半島、満州、山東半島はその足がかりになる場所だった。1898年以来、ドイツの植民都市として成長し、山東省最大の港町となっていた青島の権益は、1914年の第一次大戦以後、日本に遷った（1922年にいったん中国側に返還されたが、日中戦争期の1938〜45年には日本の統治下となった）。日本の商社や銀行は、大港に近い「館陶路」に店舗を構え、当時、青島の郊外であった「台東」と、さらにその北の「四方」「滄口」をふくむ大青島の建設を目指した。青島市街は北側に拡

▲左　青島湾に突き出した桟橋にて。　▲右　豊富な海鮮が軒先にならぶ、料理も青島の楽しみ

大して、1922年の青島市街はドイツ時代の3倍の広さとなっていたという。1901年に60人だった日本人の人口は増えていき、1922年にいったん引き揚げたものの、戦前の青島には3万人あまりの日本人が暮らしていた。青島生まれの日本人として指揮者・作曲家の石丸寛、『上を向いて歩こう』『こんにちは赤ちゃん』を作曲した中村八大、映画俳優の三船敏郎らがいる。

CHINA
山東省

青島のドイツ人が日本に伝えたもの

1914年、第一次大戦(日独戦争)の日本による青島攻略時に、約4700人のドイツ人捕虜が日本へ連行された(東京駅の開業式は、青島攻囲軍司令官の凱旋にあわされた)。徳島や福岡の収容所に送られたドイツ人捕虜は、パン窯を使ったパンの製法、残肉を利用したソーセージの製法はじめ、ハム、ケーキ、バウムクーヘンなどをこのとき日本に伝えた。ベートヴェンの「第9(交響曲第9番)」は鳴門郊外の収容所で1919年にはじめて演奏され、ブリヂストンはゴム関係のドイツ技術者から、タイヤ製造の技術を学んだという。

Qingdao City

交錯するドイツ日本青島

参考文献

『植民都市・青島 1914-1931』（ヴォルフガング・バウワー著・森宜人・柳沢のどか訳 / 昭和堂）

『Qingdao 青島 (TRAVELLERS– 極楽中国指南)』（アエラ 18(54)）

『青島の都市形成史：1897-1945』（欒玉璽 / 思文閣出版）

『青島（チンタオ）をめぐるドイツと日本』（瀬戸武彦 / 高知大学学術研究報告）

『中国青島市における並木道空間の形成（1891-1945）』（江本硯・藤川昌樹 / 日本建築学会計画系論文集）

『戻り入居による里院の再開発に関する研究』（張瀟・澤木昌典・柴田祐 / 日本建築学会計画系論文集)

『商業活性化を目的とした里院の保全・再開発に関する研究』（張瀟・柴田祐・澤木昌典 / 日本建築学会計画系論文集)

『近現代の山東経済と日本：青島ビール・在華紡などを例に』（久保亨 / 東洋学報）

『中国におけるビール産業の発展と立地：青島ビールを事例として』（柳井 雅也・于殿文 / 富山大学紀要）

『全調査東アジア近代の都市と建築』（筑摩書房編 / 大成建設）

『康有為と青島』（柴田幹夫 / 環日本海研究年報）

『ドイツ統治下の青島』（浅田進史 / 東京大学出版会）

『ドイツ』（池内紀ほか / 新潮社）

『都市風景論 (その 2) ドイツ植民地「青島」に表象された近代都市景観のイデオロギー』（長谷川章 / 東京造形大学研究報）

『全調査東アジア近代の都市と建築』（筑摩書房編 / 大成建設）

『中国・青島の歴史的街区構成と現代的住志向に関する調査研究』（伊藤庸一 / 日本工業大学研究報告）

『独日の植民地支配と近代都市青島の誕生』（張玉玲 / 山口県立大学学術情報）

『リヒアルト・ヴィルヘルム伝』（新田義之 / 筑摩書房）

『青島から来た兵士たち』（瀬戸武彦 / 同学社）

『青島导游』（张树枫・郑培昕 / 青島出版社）

『滨海度假胜地：青岛』（崔徳志主編 / 山东友谊出版社）

『蓝色文化：青岛』（栾纪曽・郑锐著 / 山东友谊出版社）

『青島の総督官邸について (1905 ～ 07)』(堀内正昭 / 学術講演梗概集)

『世界大百科事典』（平凡社）

青島地下鉄路線図

http://machigotopub.com/pdf/qingdaometro.pdf

青島旧市街 STAY （ホテル＆レストラン情報）

http://machigotopub.com/pdf/oldqingdaostay.pdf

まちごとパブリッシングの旅行ガイド
Machigoto INDIA , Machigoto ASIA , Machigoto CHINA

【北インド - まちごとインド】

001 はじめての北インド
002 はじめてのデリー
003 オールド・デリー
004 ニュー・デリー
005 南デリー
012 アーグラ
013 ファテープル・シークリー
014 バラナシ
015 サールナート
022 カージュラホ
032 アムリトサル

【西インド - まちごとインド】

001 はじめてのラジャスタン
002 ジャイプル
003 ジョードプル
004 ジャイサルメール
005 ウダイプル
006 アジメール（プシュカル）
007 ビカネール
008 シェカワティ
011 はじめてのマハラシュトラ
012 ムンバイ
013 プネー
014 アウランガバード
015 エローラ
016 アジャンタ
021 はじめてのグジャラート
022 アーメダバード
023 ヴァドダラー（チャンパネール）
024 ブジ（カッチ地方）

【東インド - まちごとインド】

002 コルカタ
012 ブッダガヤ

【南インド - まちごとインド】

001 はじめてのタミルナードゥ
002 チェンナイ
003 カーンチプラム
004 マハーバリプラム
005 タンジャヴール
006 クンバコナムとカーヴェリー・デルタ
007 ティルチラパッリ
008 マドゥライ
009 ラーメシュワラム
010 カニャークマリ
021 はじめてのケーララ
022 ティルヴァナンタプラム
023 バックウォーター（コッラム〜アラップーザ）
024 コーチ（コーチン）
025 トリシュール

【ネパール - まちごとアジア】

001 はじめてのカトマンズ
002 カトマンズ
003 スワヤンブナート

004 パタン
005 バクタプル
006 ポカラ
007 ルンビニ
008 チトワン国立公園

【バングラデシュ - まちごとアジア】

001 はじめてのバングラデシュ
002 ダッカ
003 バゲルハット（クルナ）
004 シュンドルボン
005 プティア
006 モハスタン（ボグラ）
007 パハルプール

【パキスタン - まちごとアジア】

002 フンザ
003 ギルギット（KKH）
004 ラホール
005 ハラッパ
006 ムルタン

【イラン - まちごとアジア】

001 はじめてのイラン
002 テヘラン
003 イスファハン
004 シーラーズ
005 ペルセポリス
006 パサルガダエ（ナグシェ・ロスタム）
007 ヤズド
008 チョガ・ザンビル（アフヴァーズ）
009 タブリーズ
010 アルダビール

【北京 - まちごとチャイナ】

001 はじめての北京
002 故宮（天安門広場）
003 胡同と旧皇城
004 天壇と旧崇文区
005 瑠璃廠と旧宣武区
006 王府井と市街東部
007 北京動物園と市街西部
008 頤和園と西山
009 盧溝橋と周口店
010 万里の長城と明十三陵

【天津 - まちごとチャイナ】

001 はじめての天津
002 天津市街
003 浜海新区と市街南部
004 薊県と清東陵

【上海 - まちごとチャイナ】

001 はじめての上海
002 浦東新区
003 外灘と南京東路
004 淮海路と市街西部
005 虹口と市街北部
006 上海郊外（龍華・七宝・松江・嘉定）
007 水郷地帯（朱家角・周荘・同里・甪直）

【河北省 - まちごとチャイナ】

001 はじめての河北省
002 石家荘
003 秦皇島
004 承徳
005 張家口
006 保定
007 邯鄲

【山東省 - まちごとチャイナ】

001 はじめての山東省
002 はじめての青島
003 青島市街
004 青島郊外と開発区
005 煙台
006 臨淄
007 済南
008 泰山
009 曲阜

【江蘇省 - まちごとチャイナ】

001 はじめての江蘇省
002 はじめての蘇州
003 蘇州旧城
004 蘇州郊外と開発区
005 無錫
006 揚州
007 鎮江
008 はじめての南京
009 南京旧城
010 南京紫金山と下関
011 雨花台と南京郊外・開発区
012 徐州

【浙江省 - まちごとチャイナ】

001 はじめての浙江省
002 はじめての杭州
003 西湖と山林杭州
004 杭州旧城と開発区
005 紹興
006 はじめての寧波
007 寧波旧城
008 寧波郊外と開発区
009 普陀山
010 天台山
011 温州

【福建省 - まちごとチャイナ】

001 はじめての福建省
002 はじめての福州
003 福州旧城
004 福州郊外と開発区
005 武夷山
006 泉州
007 厦門
008 客家土楼

【広東省 - まちごとチャイナ】

001 はじめての広東省
002 はじめての広州
003 広州古城
004 天河と広州郊外
005 深圳（深セン）
006 東莞
007 開平（江門）
008 韶関
009 はじめての潮汕

010 潮州
011 汕頭

【遼寧省 - まちごとチャイナ】

001 はじめての遼寧省
002 はじめての大連
003 大連市街
004 旅順
005 金州新区
006 はじめての瀋陽
007 瀋陽故宮と旧市街
008 瀋陽駅と市街地
009 北陵と瀋陽郊外
010 撫順

【重慶 - まちごとチャイナ】

001 はじめての重慶
002 重慶市街
003 三峡下り（重慶～宜昌）
004 大足

【香港 - まちごとチャイナ】

001 はじめての香港
002 中環と香港島北岸
003 上環と香港島南岸
004 尖沙咀と九龍市街
005 九龍城と九龍郊外
006 新界
007 ランタオ島と島嶼部

【マカオ - まちごとチャイナ】

001 はじめてのマカオ
002 セナド広場とマカオ中心部
003 媽閣廟とマカオ半島南部
004 東望洋山とマカオ半島北部
005 新口岸とタイパ・コロアン

【Juo-Mujin（電子書籍のみ）】

Juo-Mujin 香港縦横無尽
Juo-Mujin 北京縦横無尽
Juo-Mujin 上海縦横無尽
見せよう！デリーでヒンディー語
見せよう！タージマハルでヒンディー語
見せよう！砂漠のラジャスタンでヒンディー語

【自力旅游中国 Tabisuru CHINA】

001 バスに揺られて「自力で長城」
002 バスに揺られて「自力で石家荘」
003 バスに揺られて「自力で承徳」
004 船に揺られて「自力で普陀山」
005 バスに揺られて「自力で天台山」
006 バスに揺られて「自力で秦皇島」
007 バスに揺られて「自力で張家口」
008 バスに揺られて「自力で邯鄲」
009 バスに揺られて「自力で保定」
010 バスに揺られて「自力で清東陵」
011 バスに揺られて「自力で潮州」
012 バスに揺られて「自力で汕頭」
013 バスに揺られて「自力で温州」
014 バスに揺られて「自力で福州」
015 メトロに揺られて「自力で深圳」

【車輪はつばさ】
南インドのアイラヴァテシュワラ寺院には建築本体に車輪がついていて寺院に乗った神さまが人びとの想いを運ぶと言います。

・本書はオンデマンド印刷で作成されています。
・本書の内容に関するご意見、お問い合わせは、発行元の
　まちごとパブリッシング info@machigotopub.com までお願いします。

まちごとチャイナ
山東省003青島市街
　～「ドイツ発」ビールと赤屋根と［モノクロノートブック版］

2017年11月14日　発行

著　者	「アジア城市（まち）案内」制作委員会
発行者	赤松　耕次
発行所	まちごとパブリッシング株式会社
	〒181-0013　東京都三鷹市下連雀4-4-36
	URL　http://www.machigotopub.com/
発売元	株式会社デジタルパブリッシングサービス
	〒162-0812　東京都新宿区西五軒町11-13
	清水ビル3F
印刷・製本	株式会社デジタルパブリッシングサービス
	URL　http://www.d-pub.co.jp/

MP191

ISBN978-4-86143-325-2 C0326　　　　　Printed in Japan
本書の無断複製複写（コピー）は、著作権法上での例外を除き、禁じられています。